ゼロからスタート!

海野禎子の 改訂版

司法書士

1冊 書

LEC専任講師 海野禎子 著

LEC東京リーガルマインド 監修

KADOKAWA

本書の特徴

LECで大人気の海野講師が合格へナビゲート！

1冊目の教科書に最適！

司法書士

海野　禎子（うんの・さだこ）

慶應義塾大学文学部卒・学習院大学法科大学院修了。大学３年生時に司法書士試験に最年少合格。大学在学時から司法書士事務所で実務経験を積んだのち、大手ノンバンクの法務部で債権回収業務に従事。その後、平成 11 年に LEC 司法書士講座専任講師としてデビュー。以降、「一発合格の女神」として、毎年多数の合格者を輩出している。

STEP 1　海野講師のここがすごい！

① 講師歴 25 年で合格者を多数輩出。懇切丁寧な受講者へのフォローが大好評！

講師歴 25 年で受講者の悩みどころを完全に把握しています。また、受講者に対応する電話やメールは１年間で約 1,200 件と親身なサポートが支持を得ています。

② 短期合格のノウハウと現職ならではの経験に基づく具体例が豊富

文学部在籍中に一発合格した自身の経験に基づく「短期合格のノウハウ」と、現役の司法書士ならではの「実務経験に基づく具体例」が展開される講義が好評です。

受講者の声

- 学習項目の重要度や難易度をメリハリをつけて明確に示しながら講義を進めていく海野メソッドで、効率よく学習していくことができました
- 豊富な実務経験に基づく裏話や司法書士業務の展望・課題をおり交ぜた講義内容で、退屈しませんでした
- 長年の講師経験から受講者の疑問点を熟知しており、挫折なく学習が進められました

STEP 2 合格への確実な一歩が踏み出せる

司法書士は 11 科目と学習範囲が膨大で、通常２年間にわたる学習が必要です。本書では、**主要４科目に的を絞り、基本から徹底的にかみ砕いて解説**。１回目はざっと読み、２回目で復習を意識して読むことで、**しっかりした知識の定着化と、復習の効率化が図れます**。これで受験の基礎固めはバッチリです！

STEP 3 最短ルートの学習法を示します

その１ 事例とイメージで法律用語や登記制度を攻略！

普段馴染みのない法律用語や複雑な登記制度には誰もが苦手意識を持つもの。本書では、法律用語を丁寧に一から解説。また、登記制度も具体的な登記簿等の実例を示し、先生の的確なコメントを付けてわかりやすく解説しています。

その２ 10時間で読み切れる見開き構成

司法書士試験に必要な基礎知識を１冊に凝縮。１項目見開きで、左にポイントを押さえたわかりやすい解説、右に理解しやすい図やイラストという構成でどんどん読み進められます。

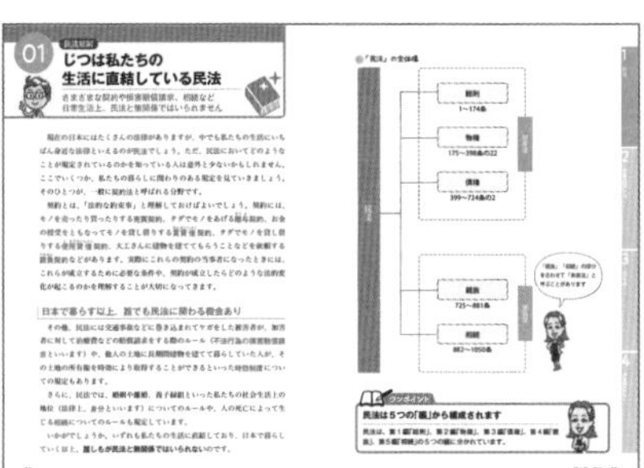

司法書士試験合格を実現！

人気講師の合格メソッドを本書で再現

本書で学ぶこと

まず最初に、試験合格までのプロセスと、本書の全体像を把握しましょう！　どんな流れで合格に至るのか、またそのために本書ではどんなことを学ぶのか、俯瞰することで、理解しやすくなりますよ！

合格までの道のり

午前（択一式）	憲法／民法／商法（会社法等も含む）／刑法
午後（択一式）	不動産登記法／商業登記法／民事訴訟法・民事執行法・民事保全法／供託法／司法書士法
午後（記述式）	不動産登記法／商業登記法

筆記試験の合格までには、通常２年間ほど学習をします。試験は択一式と記述式があり、択一式の得点が基準点に達していると、午後の部の記述式が採点されます。択一式と記述式の総合点を算出し、上位から合格者が決まる仕組みです。

筆記試験の合格者は、次に口述試験を受けます。司法書士の業務を行うために必要な知識（不動産登記法、商業登記法、司法書士法に関する内容）について問われます。受験者１人ずつ、２人の試験官によって口頭試問が行われるイメージです。

法務局にて合格者の受験番号と氏名が掲示され、合格証書が交付されます。その後、日本司法書士会連合会に登録し、事務所を置く地域を管轄する司法書士会に所属することで、司法書士になれます。

本書の全体像

本書では、
試験科目中、
出題数が多く重要な民法、
不動産登記法、会社法、
商業登記法の
主要４科目について
解説します

第1章

民法

民法はすべての法律の基礎。財産法（総則、物権、債権）と家族法（親族、相続）から構成されます。日本で暮らす中で、もっとも身近な法律のひとつです。

不動産登記法

司法書士の主な仕事のひとつに「登記業務」があります。不動産登記には、土地・建物の所在を明らかにし、取引関係に入る人たちに正確な情報を与える目的があります。

会社法

企業の設立や運営に欠かせない会社法。法人の登記手続きに必要な基礎知識です。会社法の理解は商法や商業登記法の理解にも役立ちます。

第4章

商業登記法

会社に関する重要事項を公示する登記業務。商取引の透明性を担保する目的があります。

はじめに

私は、大学３年生の秋に司法書士試験に合格し、数年の実務経験を経たのち、平成 11（1999）年から資格の総合スクール・LEC で司法書士を目指す受験生の方に試験科目を教えてきました。本書は、そこでの講義の内容を司法書士試験科目を初めて学ぶ人向けに解説したものです。

司法書士試験科目中、出題数が多く重要な「民法」「不動産登記法」「会社法」「商業登記法」の４科目（司法書士試験では「主要４科目」といいます）について、必ず知っておいてほしい項目を合計 88 項目取りあげました。１項目だいたい７～８分で読むことができますので、10 時間で司法書士試験の主要４科目の内容がざっと学べます。

法律を学んだことがない人にもわかりやすいように、なるべく平易な表現で書いてあります。「司法書士に興味はあるけれど、いきなり勉強をスタートするのは不安。まずは受験科目の概要をつかみたい」「宅建（宅地建物取引士）や行政書士の勉強はしたことがあるけど、それらと司法書士との違いを知りたい」といった人にもおすすめです。

現在、私は司法書士試験の受験指導のかたわら、横浜市内に司法書士事務所を開業しております。日々、司法書士として、お客さまからの依頼を誠実に処理する中で、司法書士の果たす役割の重要性に気づかされ、ますますやりがいを感じています。大学２年生のとき、ふらっと立ち寄った大学生協で、LEC のパンフレットを手に取り、その日のうちに受験を決意し、この道に入ったのですが、あのときの自分に「よく決意した！　その決断は正解だったよ！」と言ってあげたいです。

私は、司法書士としての人生に大いに満足しております。そんな司法書士の魅力を、ひとりでも多くのみなさんにお伝えしたいと考え、この本を書く決意をしました。この本が、みなさんに「司法書士」を知ってもらう第一歩になることを願っております。

LEC 専任講師／司法書士　**海野 禎子**

司法書士試験に一発合格するための勉強法

最短での合格の決め手は、やはり「勉強法」！

司法書士試験は、合格までに数年かかる手強い試験という印象を持つ人も多いようですが、1回の受験で合格する人も一定数います。かくいう私も、この「一発合格」でしたし、私の教え子の中からも毎年数人の一発合格者が出ています。

なぜ、一発合格できるのか？　それは「勉強法」によるところが大きいと思います。一発合格者は非常に効率的な勉強法を実践しているのです。ここではその具体的な方法について紹介していきたいと思います。

合格への近道は、「素直」であること

まず1つ目が、「**素直になる！**」です。私自身、自分の講義の中で、一発合格のための効率的な勉強方法や、試験に「出る・出ない」などの明確な指針をできるだけ紹介するようにしています。 しかし、こうしたアドバイスのすべてが、必ずしも受講生につねに受け入れられているわけではありません。「試験に出ない」と私が言ったにもかかわらず、その部分を繰り返し質問にくる受講生、「予習はしないでください」と伝えたのに「予習したところ、ここがわかりませんでした」と質問にくる受講生、「この問題集はやらないほうがいいですよ」とアドバイスしたのに、「どうしても気になったので買っちゃいました」と言ってくる受講生……。

そういう受講生に出会うたび、私はとても残念な気分になります。「もう少し素直に受け入れてほしい……」というのが正直な気持ちです。

講師から「出ない」と言われても気になる。「やらなくてよい」と言われてもそこから出題されるような気がする。すべてを理解しないとどうしても気がすまない。こうした気持ちは十分わかります。

しかし、私たち講師は、何の裏付けもなしにこれらのアドバイスをしているわけではありません。**日々、司法書士試験の傾向を検討し、「これをすれ**

ば確実に合格へ近づける」と自信が持てた部分のみを、受講生に発信しているのです（もちろん、本書もそうした情報を中心にまとめています）。ですので、ぜひともそうしたアドバイスをしっかり受け取り、合格へと一歩一歩近づいていってほしいと思います。

私自身のことをいうと、司法書士の勉強を始めるまで専門的に法律を学んだことがなかったので、自分がこの分野においてはまったくの「素人」であることを肝に銘じていました。そのため、「素人」の私のこだわりはむしろ害になると思い、受講していたLECの講座の講師の言うことには徹底的に従うことにしました（本音を言うと、講師から言われた通りに実践して、それで合格できなかったらLECのせいにするつもりでしたが……）。そして、その結果はというと、自分で言うのもなんですが、見事、一発合格です！

勉強のうえでは「素直」がいちばんです。とりわけ**その分野の専門家である講師などのアドバイスを素直に受け取ることは、一発合格への近道**でもあるのです。

問題集や参考書は、やみくもに手を出さない

会うたびに、違う問題集や参考書を持っている受講生がいます。本屋が開けるほど参考書を買い込んでいる受講生もいます。これらの人は、お気の毒ですが来年も受験生を続けていると思います。

ほかの人が持っている問題集などはよく見えがちです。次から次へと新しい問題集などを手に入れたくなる気持ちも理解できます。ただ、あれもこれも買ってしまうと、結局、何ひとつ消化できずに、どれも中途半端に終わってしまいがちです。

100個の問題をザッと1回解くより、30個の問題を3回繰り返して解くほうが、学習効果は高くなります。それと同じように、「これ！」と決めたテキストや問題集を徹底的に攻略しましょう。決して手を広げてはいけません。

私が昨年教えた一発合格者は、講義で使用している教材と、択一式対策用の過去問を集めた教材の２種類しか使っていませんでした。それを見て、使用する問題集や参考書は極力絞り込み、「これ！」と決めたら迷わないこと

が重要なのだと改めて実感しました。

「民法学習時には、最低でも1週間に24時間」が目安

「1日何時間、勉強すればいいですか？」という質問は、毎年多くの受講生から投げかけられるのですが、これは回答するのがなかなか難しい質問でもあります。というのも、本1冊を読むスピードが人それぞれなのと同じように、ひとつのことを理解するスピードも人によって異なるからです。そのため、一律で「何時間」とは言い切れないのです。

ただ、一発合格を目指す場合、ひとつの目安を提示することはできます。それは、**「民法の学習時には、最低でも1週間に24時間」**という数字です。1日単位でいえば、1週間6日として1日平均4時間となります。

この24時間には、受験予備校に通っているなら、その講義の時間をカウントしてもかまいません。1週間に24時間ですから、まったく勉強できない日があったとしても、翌日にそれを挽回すればOK。「週末の寝だめ」ならぬ「週末の勉強だめ」もアリです。もちろん、移動時間などのスキマ時間も立派な勉強時間になります。このようにして、1週間にトータルで24時間勉強すればよいのです。

では、なぜ民法学習時なのかというと、多くの司法書士試験の受験生が民法から学習を始めるからです。そして、(これは数多くの受講生を観察してわかったのですが) 民法の学習で勉強のペースがつかめると、たいていの人が2科目目(め)以降、そのペースを維持して順調に勉強を進めていけます。

直前期の勉強法は、1日10時間、徹底的なアウトプット

ちなみに、勉強は長い時間すればいいというものではありません。**合格のために押さえておくべき箇所を、いかに時間をかけずにインプットしていくかが重要**になります。たとえば、1冊の本を4時間で読んだ人と、3日かけて読んだ人とでは、同じ本を読み終わったという点では両者に変わりはありません。ならば、より早く読めるに越したことはありません。

これは勉強でも同じで、「1日10時間も勉強しました」というのは、決

して褒められたことではないのです。

私は司法書士試験の受験生時代、LECの講師から与えられたノルマをいかに効率よく達成し、自由時間を生み出すかに必死になっていました。そして、ノルマをこなせばそれ以上は勉強はしませんでした。試験直前期を別とすれば、1日の勉強時間は4時間を超えていなかったと思います。

ただし、直前期の3カ月（4～6月）は違います。**この時期は、勉強時間の「量」が絶対的に必要**になってきます。実際、一発合格する受験生を見ると、この時期に1日10時間ほど勉強するのは決して珍しくありません。そして、それまでの「効率重視」の学習に勉強の「量」が加わり、両者が見事に組み合わさって、驚くほど成績が伸びるのもこの時期なのです。

みなさんの中には、「1日10時間」と聞くと、非常にしんどそうに思う人もいるかもしれませんね。しかし、じつはそれほどでもなかったりします。というのも、この時期の勉強の中心はアウトプット。具体的には、それまで必死にインプット（暗記）してきた知識を、**過去問などの問題演習をしながら呼び起こし（アウトプットし）、もう一度定着させる訓練**を徹底的に行っていきます。そのため、インプットのときほど労力がかかりません。

インプットの作業を1日10時間やるのははっきり言ってしんどいですが、アウトプットならば意外とできてしまいます。合格した受講生に聞いても、「直前期のほうが勉強が楽でした」という人が少なくありません。

「悩んでOK」な時間は30分

効率的な勉強を進めるうえで意識してほしいのが、**わからない事項に悩みすぎない**、ということです。わからない事項に出くわすと、「理解できるまでとことん追究したい」という気持ちになってしまいがちですが、その結果、「たった1問に3時間もかけてしまった」ということが起こります。しかし、これは時間の使い方として、とてももったいないと思います。時間は有限なのですから。

私自身は、**受験生のころ、「30分以上は悩まない」というマイルールを設けていました**。なぜなら、わからない事項の場合、30分以上悩んだところで結局わからずじまい……となることが多かったからです。ですから、30分で打ち切って、講師などわかる人に質問することにしたのです。

３時間悩み、ようやくその事項を理解できたときの達成感も捨てがたいのですが、みなさんの当面の目標は「合格」です。**重視すべきは、達成感よりも効率**。人に聞くことで速やかに解決できれば、その分、残りの時間で別の問題を解くことができます。そのほうが時間の使い方として有効ですよね。

『六法』を使うことにこだわるな！

学習の効率化においては『六法』とのつきあい方も重要です。

よく「『六法』がすり切れるくらい読み込み、条文を暗記しなければ合格できない」と言う人がいますが、それは間違いです。なぜなら、受験科目の中には、条文中心の勉強をすべきものと、条文は参照程度にとどめればよいものとがあるからです。さらに同じ科目であっても、条文中心に勉強すべき箇所と、そうではない箇所とに分かれることもあります。

『六法』を使うのは、あくまでも合格レベルの知識を吸収するためです。極論を言ってしまえば、**『六法』を使って理解しようが、テキストを使って理解しようが、試験当日に問題が解ければいい**のです。

そもそも、『六法』は無駄を一切省いた究極の表現を使っているため、法律初学者にとってはわかりづらく、その理解に手間取ってしまいがちです。ならば、条文の内容や結論はテキストにも載っているのですから、それを活用して知識や情報を吸収したほうが得策です。

＊　＊　＊

以上が、一発合格のために実践してもらいたい勉強法です。

簡単にまとめるならば、「**合格に必要な知識を、いかに最短でインプットするかをつねに意識する**」と、「**直前期は徹底的にアウトプットする**」の２つです。

本書は、司法書士試験で頻出する事項を絞り込み、ギュッとコンパクトにまとめて解説していますので、ぜひ「最短でのインプット」に活用してください。

02 司法書士になるには

司法書士試験の概要

司法書士になるためには、裁判所事務官や検察事務官などの特別な職務経歴がある人を除いては、まず司法書士試験に合格しなければなりません。合格後、日本司法書士会連合会に登録し、事務所を置く地域を管轄する司法書士会に所属し、そこで初めて司法書士になれるのです。

◆受験資格

制限はとくにありません。年齢、学歴、実務経験などに関係なく、誰でも受験できます。

◆受験申請受付期間

例年、4月上旬に受験要項が発表され、5月中旬に受験申請の受付が各地方法務局で行われます。

◆筆記試験の期日

例年、7月の第1日曜日に実施されます（同日の午前・午後に実施）。

◆筆記試験科目および時間割

	午前の部 （午前9時30分～11時30分）	午後の部 （午後1時～4時）	
試験形式	択一式（マークシート）	択一式（マークシート）	記述式※
試験科目	憲法／民法／商法（会社法等も含む）／刑法	不動産登記法／商業登記法／民事訴訟法・民事執行法・民事保全法／供託法／司法書士法	不動産登記法／商業登記法
問題数 （配点）	合計35問 （105点満点）	合計35問 （105点満点）	各1問 （140点満点）

※記述式とは、登記申請書の記載事項や判断理由などを問う形式のものです。

◆筆記試験の合否判定

筆記試験には、午前の部に択一式、午後の部に択一式と記述式がありますが、それぞれに基準点が設けられています（基準点は各年度によって異なり、令和５年度の択一式の基準点は、午前の部が 78 点／ 105 満点、午後の部が 75 点／ 105 満点でした）。択一式の午前と午後の部それぞれが基準点に達していなければ、記述式は採点されません。そして、記述式の基準点をクリアした受験者の総合点を算出し、上位から順に合格者が決まります。

つまり、択一式の点数は、記述式の採点を受けるためだけでなく、合否にも影響を与えるため、どの科目もバランスよく得点することが必要です。

◆筆記試験の合格発表

例年、９月下旬または 10 月上旬に、受験地を管轄する法務局と地方法務局において合格者の受験番号を掲示するほか、管区法務局から直接本人に筆記試験合格通知書が発送されます。また、法務省のホームページにも受験番号が掲載されます。

◆口述試験

例年、10 月中旬に実施。筆記試験合格者を対象に実施され、司法書士の業務を行うために必要な知識について問われます（実際に質問される内容は、不動産登記法、商業登記法、司法書士法に関するもののみ）。

試験形式は１人ずつ、２人の試験官による口頭試問となります。

◆最終合格発表

例年、11 月上旬に受験地を管轄する法務局と地方法務局において、最終合格者の受験番号と氏名が掲示されるほか、司法書士試験合格証書が交付されます。また法務省のホームページにも受験番号が掲載され、11 月中旬に官報に公告されます。

合格率はどれくらい？

令和５年度司法書士試験の出願者数は１万 6,133 人となり、最終合格者数は前年と比べ 35 人増の 695 人でした（合格者の平均年齢は 41.14 歳）。

出願者数は令和３年度から増加傾向にあり、合格者数もそれに比例し増加していますが、合格率はほぼ一定しています。合格者の年齢層としては、20代後半から40代が多くを占めており、女性の合格者は全体の約4分の1です。出身学部を見ると、法学部以外の出身者が約3分の2を占め、その一方で、合格者の中には大卒以外の人もいます（LEC調べ）。

出願者数、合格者数、合格率の推移

年度	出願者数	合格者数	合格率
平成30年度	17,668人	621人	3.5%
平成31年度	16,811人	601人	3.5%
令和2年度	14,431人	595人	4.1%
令和3年度	14,988人	613人	4.1%
令和4年度	15,693人	660人	4.2%
令和5年度	16,133人	695人	4.3%

（出所：法務省）

出身学部や性別に関係なく受験でき、努力をすれば誰でも合格する可能性のある試験です。

合格率はほぼ一定であるため、資格保有者数の増減は緩やかです。実務を行ううえで、過当競争が生じる可能性も少なく、安定した資格といえます。

司法書士の業務とは？

司法書士は、市民が法律的な相談をする際の最初の相手であることから「街の法律家」とも呼ばれています。弁護士・検事・裁判官（「法曹三者」）が現実に起こった訴訟・紛争を解決することを主な業務とするのに対し、**司法書士は、あらかじめ問題が起こるのを防ぎ、市民の権利を守ることを主な業務**としています。

司法書士の業務には、事務手続きをともなわない相談業務をはじめ、そこから派生する**登記業務**、**成年後見業務**、**簡裁訴訟代理関係業務**などさまざまなものがあります。

❶ 登記業務　―市民の大切な財産を守る企業法務のカウンセラー

登記とは、**登記簿**に一定の事項を記載することで取引関係に入ろうとする人たちに情報を与え、不測の損害を被らないようにする制度です。司法書士は主に土地・建物の権利の所在を明らかにする**不動産登記**と、会社に関する重要事項について公示する**商業登記**の２種類の登記を扱っています。

法律上、登記申請手続きを、報酬を得て「業務」として行えるのは、弁護士と司法書士だけであり、実際にはそのほとんどを司法書士が行っています。

❷成年後見業務　―認知症の人などを財産管理等で保護する

成年後見制度は、**認知症や知的障害、精神障害などにより判断能力が不十分な人を財産管理の面から保護する制度**として、平成12年４月にスタートしました。具体的には、成年後見人などが本人に代わって、預貯金の管理・払戻し、不動産や重要な財産の処分をしたり、介護が必要な人に対しては、介護サービス契約の締結や施設への入所契約などを行います。

現在、**司法書士の成年後見人などへの就任率は、資格を持つ専門職としてはトップの位置**を占めています。高齢化が進む現在、成年後見人などへのニーズはますます高まることが予想され、司法書士にとっては、社会から期待されるやりがいのある業務といえます。

❸簡裁訴訟代理関係業務　―簡易裁判所の民事訴訟をサポートする

平成15年４月１日に改正司法書士法が施行され、それにより日本司法書士会連合会が実施する研修を修了し、かつ法務大臣から認定を受けた司法書士には、**簡易裁判所（訴額140万円が限度）における民事訴訟、和解、調停の代理権**が与えられることになりました。

つまり、一定の資格を持つ司法書士には、簡易裁判所の民事事件については弁護士と同様に「法廷に立つ」ことが認められたのです。**140万円以下の訴訟という制限**がありますが、金銭の支払請求や雇用関係のトラブルなど、代理できる案件はさまざまで、一般市民間に生じる紛争解決の担い手として、司法書士の活躍の場はますます広がってきています。

海野禎子の司法書士 1冊目の教科書

物権と債権

契約

親族・相続

第2章
不動産登記法

不動産登記申請

所有権に関する登記

抵当権に関する登記

登記

第３章

会社法

会社法総則

第4章

商業登記法

商業登記総則

株式会社に関する登記

本文デザイン　ISSHIKI
DTP　フォレスト
本文イラスト　寺崎愛

本書は、原則として2024年5月時点での情報を基に原稿の執筆・編集を行っています。また、令和6（2024）年施行の不動産登記法（相続登記の義務化等）改正に完全対応しています。試験に関する最新情報は、試験実施機関のウェブサイト等でご確認ください。

第1章

民法

民法総則

じつは私たちの生活に直結している民法

さまざまな契約や損害賠償請求、相続など日常生活上、民法と無関係ではいられません

現在の日本にはたくさんの法律がありますが、中でも私たちの生活にいちばん身近な法律といえるのが**民法**でしょう。ただ、民法においてどのようなことが規定されているのかを知っている人は意外と少ないかもしれません。ここでいくつか、私たちの暮らしに関わりのある規定を見ていきましょう。そのひとつが、一般に**契約法**と呼ばれる分野です。

契約とは、「法的な約束事」と理解しておけばよいでしょう。契約には、モノを売ったり買ったりする**売買契約**、タダでモノをあげる**贈与**(ぞうよ)**契約**、お金の授受をともなってモノを貸し借りする**賃貸借**(ちんたいしゃく)**契約**、タダでモノを貸し借りする**使用貸借**(しようたいしゃく)**契約**、大工さんに建物を建ててもらうことなどを依頼する**請負**(うけおい)**契約**などがあります。実際にこれらの契約の当事者になったときには、これらが成立するために必要な条件や、契約が成立したらどのような法的変化が起こるのかを理解することが大切になってきます。

日本で暮らす以上、誰でも民法に関わる機会あり

その他、民法には交通事故などに巻き込まれてケガをした被害者が、加害者に対して治療費などの賠償請求をする際のルール（**不法行為の損害賠償請求**といいます）や、他人の土地に長期間建物を建てて暮らしていた人が、その土地の所有権を時効により取得することができるといった**時効制度**についての規定もあります。

さらに、民法では、婚姻や離婚、養子縁組といった私たちの社会生活上の地位（法律上、**身分**といいます）についてのルールや、人の死亡によって生じる**相続**についてのルールも規定しています。

いかがでしょうか。いずれも私たちの生活に直結しており、日本で暮らしていく以上、**誰しもが民法と無関係ではいられない**のです。

「民法」の全体像

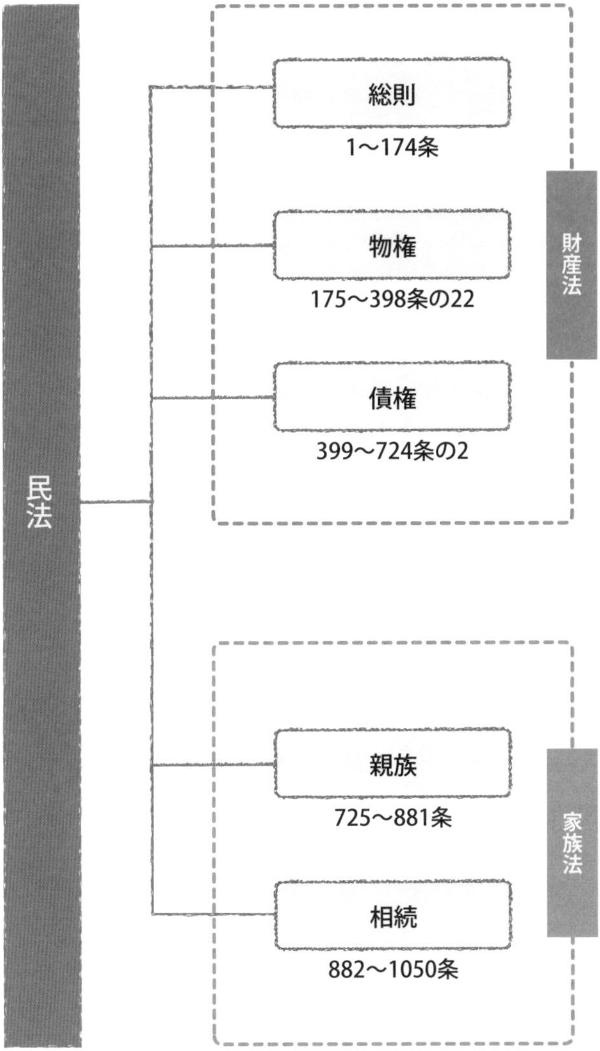

民法	編	条文	区分
民法	総則	1〜174条	財産法
	物権	175〜398条の22	財産法
	債権	399〜724条の2	財産法
	親族	725〜881条	家族法
	相続	882〜1050条	家族法

「親族」「相続」の部分を合わせて「家族法」と呼ぶことがあります

民法は５つの「編」から構成されます

民法は、第１編「総則」、第２編「物権」、第３編「債権」、第４編「親族」、第５編「相続」の５つの編に分かれています。

02 民法総則

売買契約が成立するのに必要なことは？

「何をいくらで売る・買う」が売主と買主で一致したら、売買契約は成立します

みなさんの中で、今まで一度もモノを売ったり買ったりという**売買契約**をしたことがないという人はいないと思います。それくらい私たちにとって身近な契約が売買契約です。ここでは、街のパン屋さんを舞台にして、民法でどう規定されているのかを解説していきます。

登場人物は、パン屋さんＡ（売主）とお客さんＢ（買主）です。買主Ｂの「ほしいパンをトレーの上に載せてレジに持っていき、『これをください』とトレーを売主Ａに差し出す」という一連の言動を、法律的には**売買契約の申込みの意思表示**といいます。これに対して売主Ａが「はい、わかりました」と答えることを**売買契約の承諾の意思表示**といいます。この申込みの意思表示と承諾の意思表示が合致すると売買契約が成立します。

ちなみに、申込みの意思表示と承諾の意思表示が「合致する」とは、**何を、いくらで買うか・売るかについて、お互いの考えていることがぴったり一致**することをいいます。

契約書の作成は、必要不可欠な条件ではない？

一般的に私たちが高価なモノを売ったり買ったりする場合は、何をいくらで売るのか・買うのか、売主はどこの誰なのか、買主はどこの誰なのか、売買契約が成立した日付はいつかなどを記載した**契約書**を作成します。その契約書に売主・買主の双方が印鑑を押して取り交わす、という行為を行います。

しかし、売買契約は、売主・買主双方の申込みの意思表示と承諾の意思表示がぴったり一致すれば、それだけで成立します。そのため契約書の作成や押印は、後で「言った」「言わない」などのトラブルを防ぐためのものであり、売買契約の成立に必要不可欠な条件ではないのです。

民法が規定するさまざまな「契約」

売買契約	モノを売ったり買ったりする際の契約
贈与契約	タダでモノをあげる際の契約
賃貸借契約	お金の授受をともなってモノを貸し借りする際の契約
使用貸借契約	タダでモノを貸し借りする際の契約
請負契約	大工などに建物を建ててもらったりする際の契約

「売買契約」が成立するのは、どんなとき？

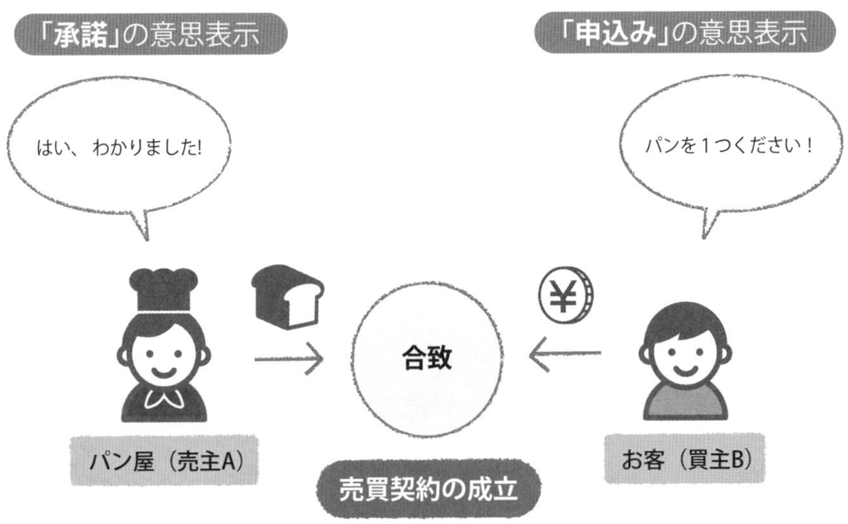

ワンポイント

契約は、「諾成契約」と「要物契約」に分けられます

諾成契約とは、当事者の意思表示の合致のみで成立する契約です。要物契約とは、当事者の合意のほかに、一方の当事者がモノの引渡しなどを実行することで成立する契約のことです。

民法総則

03 売買契約によって起こる２つの変化とは？

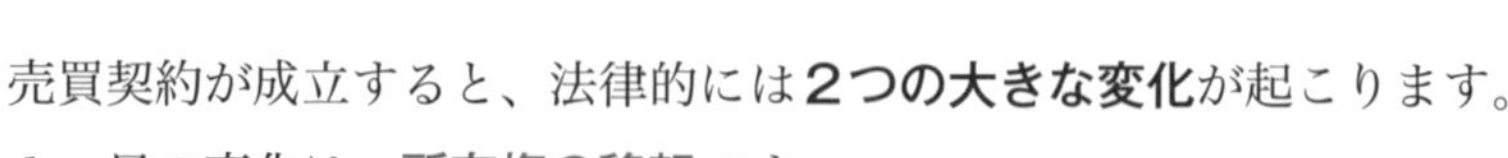

売買契約が成立すると、「所有権の移転」と「債権・債務の発生」が起こります

売買契約が成立すると、法律的には**２つの大きな変化**が起こります。

１つ目の変化は、**所有権の移転**です。

所有権とは、パンならパンという物(ぶつ)を、自由に**使用**したり、人に貸してお金を取ったり（**収益**といいます）、食べる・捨てる・人にあげるといった**処分**を、人にとやかく言われず自由にできる権利のことです（民法206条）。つまり、「この物は自分のモノだ」というイメージです。

そして、所有権を持っている人のことを、**所有者**や**所有権者**と呼びます。

ここでのポイントは、所有権の移転が、前項のパン屋さんの例でいえば、**買主Ｂがトレーに載せたパンを「これをください」と売主Ａに申し込み、Ａが「はい、わかりました」と承諾した瞬間に起こる**、ということです。つまり、買主Ｂはまだ代金を支払っておらず、Ｂへパンが手渡されていなくても、売買契約が成立した瞬間に、パンの所有権は売主Ａから買主Ｂに移転するのです。

売主・買主は、債権者であり債務者でもある

売買契約の２つ目の法的変化は、**債権・債務の発生**です。

売買契約成立の瞬間に、買主Ｂには、売主Ａに対して「早くパンを引き渡してください」と請求できる**引渡債権**が発生し、売主Ａには買主Ｂに対して「早くお金を払ってください」と請求できる**代金債権**が発生します。

債権とは、「**ある人がある人に対して、『何かしてくれ』と請求できる権利**」のことです。請求する側の人のことを**債権者**、請求される側の人のことを**債務者**と呼びます。売主Ａは代金債権の債権者、買主Ｂは代金債権の債務者です。反対に引渡債権については、買主Ｂが債権者、売主Ａが債務者となります。売主・買主はどちらも債権者であり、債務者でもあるのです。

売買契約の成立がもたらす2つの法的変化

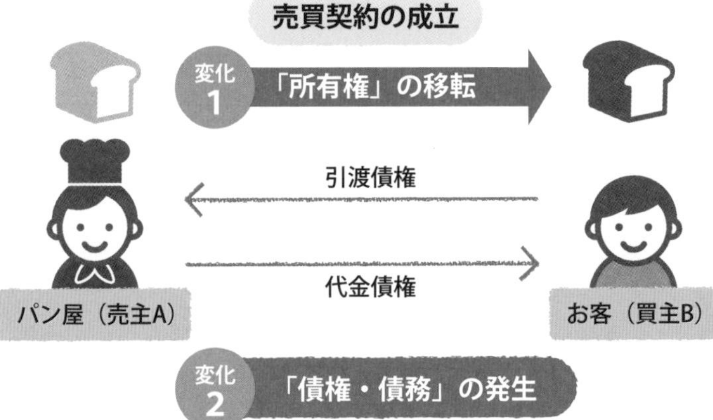

「物権」と「債権」について

物権

人が物（ぶつ）を支配することができる権利

【例】所有権：目的物について自由に使用・収益・処分をすることができる 権利（民法206条）

債権

ある人（主体）が
ある人（客体）に対して、
「何かしてくれ」と請求できる権利

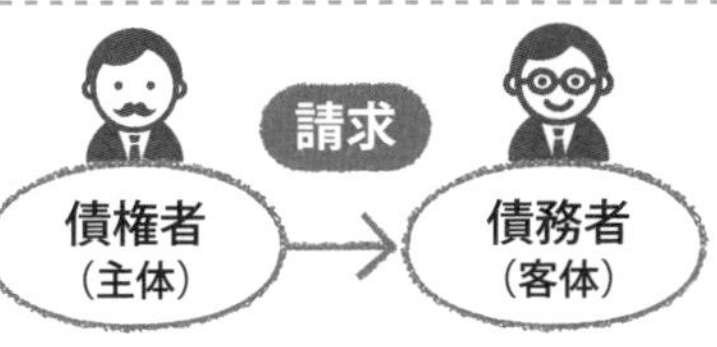

ワンポイント

民法の「物権」は、試験の最重要分野です！

司法書士試験の民法の問題数は全20問で、そのうち、平成30年度の試験では、「物権」に関する問題が9問を占め、約半数が物権分野から出題されました。物権は「不動産登記法」という出題科目にも密接に関連しており、民法の中でもとくに重要な分野です。

民法総則

売買契約の「意思表示」は3段階ある

意思表示は、「内心的効果意思」と「表示意思」を経て「表示行為」に至ります

申込みの意思表示と承諾の意思表示がぴったり一致することにより売買契約が成立することは、先ほど学びました（26ページ参照）。このとき、申込みの意思表示とは、買主の「これをください」といった表現であり、承諾の意思表示とは、売主の「はい、わかりました」といった表現です。

ここでは、この売買契約の成立に必要不可欠な**意思表示**について、もう少し詳しく学んでいきましょう。

意思表示の中身を見ると……

意思表示の中身は必ず３段階に分かれています。

１段階目が、**内心的効果意思**です。いわゆる本心に当たるものです。たとえば、買主が最終的に「これをください」という意思表示をしたのであれば、「これを買おう」と心の中で思っているわけです。これが内心的効果意思に該当します。

２段階目が、**表示意思**です。これは、買主が「これをください」と言おうと決心することです。

そして最後の３段階目が、**表示行為**です。これは「これをください」と相手に向かって表現することです。言葉を使うこともありますが、買いたいものをレジに持っていき、無言で差し出すことも表示行為です。

つまり、必ずしも言葉である必要はなく、身ぶり手ぶりであってもかまいません。

さらに、意思表示の本体には含まれませんが、意思表示の前の段階として、必ず**動機**があります。動機とは意思表示をするきっかけのことで、たとえば、パン屋で陳列されているパンを見て「おなかが空いたな」とか、「おいしそうだな」と思うことなどです。

「意思表示」の3段階とは？

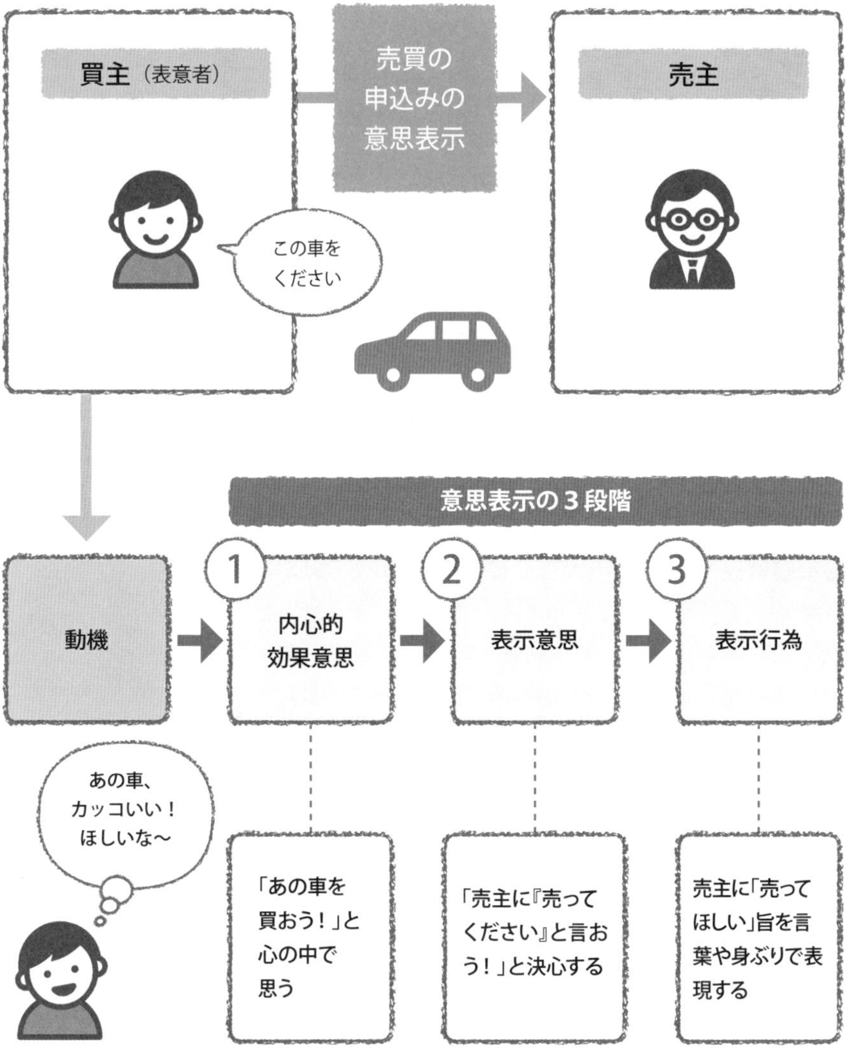

買主（表意者）	→ 売買の申込みの意思表示 →	売主
この車をください		

動機 → ①内心的効果意思 → ②表示意思 → ③表示行為

意思表示の3段階

- 動機：あの車、カッコいい！ほしいな～
- ① 内心的効果意思：「あの車を買おう！」と心の中で思う
- ② 表示意思：「売主に『売ってください』と言おう！」と決心する
- ③ 表示行為：売主に「売ってほしい」旨を言葉や身ぶりで表現する

ワンポイント

「意思表示」の3段階の前には「動機」があり！

意思表示の本体には含まれませんが、意思表示の前の段階として、必ず動機があります。動機とは意思表示をするきっかけのことです。ただし、これは「意思表示」の3段階には入りませんので、試験では気をつけましょう。

民法総則

食い違いのある意思表示とは？

「心裡留保」「通謀虚偽表示」「錯誤」の
３つのパターンがあります

意思表示の１段階目の内心的効果意思と、３段階目の表示行為との間に食い違いがあった場合（これを**意思の欠缺**（けんけつ）または**意思の不存在**といいます）、契約の成立はどうなるのでしょうか。ここでは、食い違いの３つのパターンについて、１つずつ学んでいきましょう。

食い違いに本人が気づいているケース　…心裡留保（しんりりゅうほ）

内心的効果意思と表示行為との間の食い違いに、**本人が気づいている**状態を**心裡留保**といいます。たとえば、売主Ａが売る気がないにもかかわらず、「売ります」と言うことなどがそれに当たります。これに対して、買主Ｂが「買います」と承諾すると、売買契約が成立します。

このようにして成立した契約は、**原則として有効**とされています。これは、買主Ｂを保護するためです（民法 93 条１項本文）。例外として、Ｂが売買契約当時、Ａの意思表示がＡの真意でないことを知っていた、またはちょっと注意すれば知ることができたという場合は、**売買契約は無効**となります（民法 93 条１項ただし書）。Ｂはこの契約が成立すると思っていないのだから保護する必要はない、という判断からです。

なお、契約が**有効**ということは、その契約による本来の効果がきちんと発生することを意味します。上記の売買契約であれば、債権・債務がＡとＢとの間に発生し、所有権がＢに移転します。それに対して、契約が**無効**ということは、その契約による本来の効果が発生しないことを意味し、上記のケースであれば所有権のＢへの移転は起こりません。

両者が通じているケース　…通謀虚偽表示（つうぼうきょぎひょうじ）

売主Ａと買主Ｂの２人で**通謀**（「共謀」と同じイメージです）して、内心的効果意思と異なる表示行為を行うことを**通謀虚偽表示**といいます。

たとえば、借金苦に陥っているＡが、自分の土地を借金取り（貸金債権者）に取られたくないと考えて、友人Ｂに「土地を借金取りに取られたくないから、君に売ったことにしたい」と頼んだとします。この依頼に対して友人Ｂも、Ａの窮状に同情し、「買ったことにしてあげよう」と了承。Ａの土地売却の申込みの意思表示に対して、承諾の意思表示をするというケースなどが、それに当たります（このとき、借金取りに真相がバレないよう、契約書を作成したり、土地の登記名義をＢに変えたりしておきます）。

これにより形式的には売買契約が成立しますが、**この契約は無効**です。契約が無効ですから、売買契約による本来の効果は発生しません。自分たちの表示行為と違う内心的効果意思を持っていることについてお互いが納得のうえですから、効果が生じなくてもよいわけです。

では、このケースでＢが、ＡＢ間の事情について何も知らない（**善意**といいます）Ｃに土地を売却した場合は、どうなるのでしょうか。

原則通りに考えると、売買契約は無効なので、所有権はＢに移転しておらず、Ｃは所有権を取得できないように思えます。しかし、民法94条２項では、**ＡＢ間の通謀虚偽表示の事実を知らなかった第三者Ｃに対して、ＡはＡＢ間の売買契約の無効を主張できない**、としています。

つまり、**通謀虚偽表示をするＡよりも、ＡＢ間の事情について何も知らないＣを保護すべきだという判断**をしているわけです。その結果、Ｃは土地の所有権を取得することができます。

言い間違いや勘違いによるケース　…錯誤（さくご）

錯誤とは、たとえば、パン屋で買主Ｂが内心的効果意思としては「カレーパンを買おう」と思っていたのに、「あんパンをください」という表示行為をしてしまうことです。つまりＢが**言い間違い、勘違いで意思表示**をしてしまった場合で、Ｂがそのことに気づいていないケースです。

このＢの錯誤による意思表示に対して、売主Ａが「あんパンを売ります」と承諾してしまうと、形式的に売買契約が成立します。

このような錯誤に基づく意思表示は、**後から取り消すことができます**（民法95条1項）。

その場合、たとえばBがAに対し「意思表示を取り消します」と言うことによって、**売買契約時に遡**（さかのぼ）**って、契約を無効**とする効果が生じます。取り消されるまでは契約は有効であったのが、取り消されることによって最初に遡って無効となるのです。その結果、最初から所有権は移転していなかったし、債権・債務は発生していなかった、となるわけです。

これが**意思表示の取消し**です。ちなみに、錯誤によって成立した契約であっても、のちに錯誤に気づいたBが、その契約を実現することを望む場合もあり得るため、一律無効とはなっていません。

なお、Bが**重大な不注意により錯誤に陥っている場合には、取消しをすることができません**（民法95条3項）。たとえば、Aが承諾する前に、「あんパンでよろしいですね？」などと再三にわたってBに確認していたにもかかわらず、Bが自分の錯誤に気づかなかったような場合です。

このような場合に取り消すことができないのは、重大な不注意により錯誤に陥っているBよりも、そうとは知らず契約を締結し、契約に期待しているAを保護しようという判断が働くからです。

善意・無過失の第三者に対して取り消せるか？

では、事例を変えて、本心では甲土地を売る気はなかったAが、勘違いで売ると意思表示をしてしまい、Bの承諾により甲土地の売買契約が成立した場合で、売主Aが契約を取り消す前に、買主BがAB間の事情について何も知らず（**善意**）、何の不注意もない（**無過失**といいます）Cに売却したときはどうなるのでしょうか。

この場合、その後にAが契約を取り消しても、原則としてAはCに対して、「契約を取り消したので最初に遡って契約は無効となり、甲土地は私のものだ」と主張できません（民法95条4項）。錯誤に陥ったAにも落ち度はあり、契約に期待しているCと天秤にかけると、**AよりCを保護するべき**だからです。その結果、甲土地の所有権は、Cが取得することになります。

心裡留保による意思表示

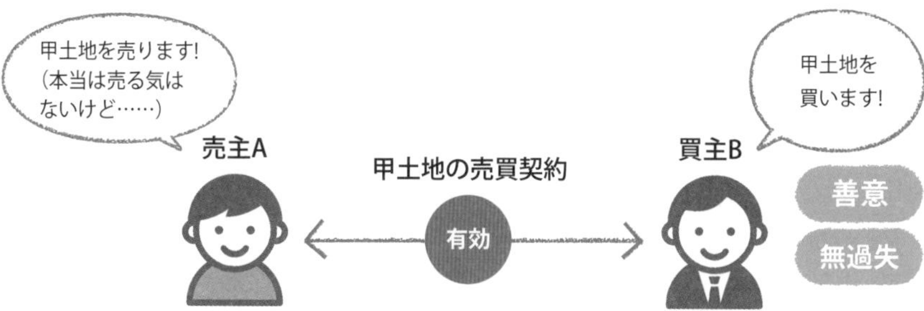

通謀虚偽表示による意思表示と第三者

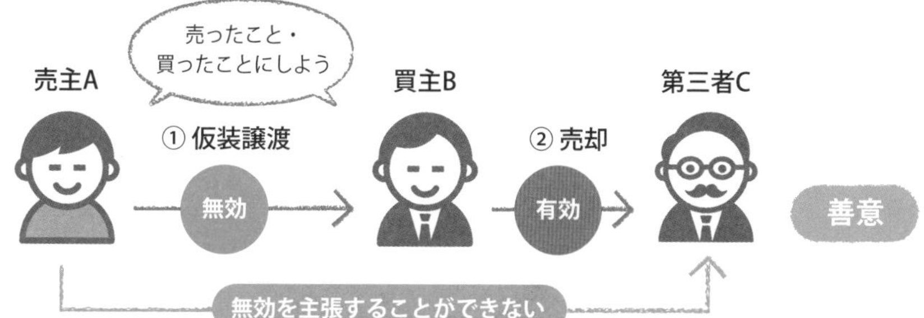

錯誤による意思表示と第三者

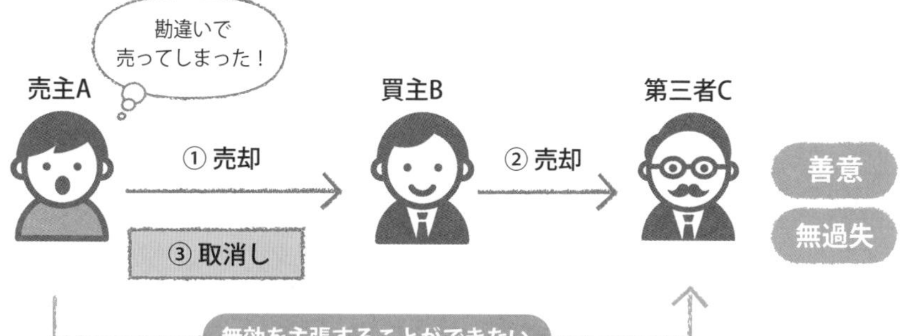

ワンポイント

善意・悪意、過失・無過失・重過失とは？

法律上、ある事実を知らないことを「善意」、知っていることを「悪意」といいます。また、不注意のことを「過失」、不注意がないことを「無過失」、重大な不注意があることを「重過失」といいます。

民法総則

06 瑕疵のある意思表示とは？

騙されて意思表示をしてしまった場合は、後から取り消せます

瑕疵（かし）という言葉は、疵（きず）、欠陥と言い換えられます。**瑕疵ある意思表示**とは、32～35ページで学んだ意思の欠缺（意思の不存在）の場面のような内心的効果意思と表示行為との間に食い違いはないものの、意思表示を全体として見たときに、欠陥があると評価されるような場合です。

たとえば、BがAの持っている土地を何とか手に入れたいと考え、Aに対して、「あなたの土地は地盤が緩いので、地すべりが起こりますよ。将来、売りたくなったとき、通常の値段では売れませんが、今なら私が特別に通常の値段で買い取りますよ」と申込みの意思表示をしたとします。本当はそんなことはないのに、Bは言葉巧みにAを騙（だま）し、これによりAは売る気になり、Bに「売ります」と承諾の意思表示をしたとしましょう。

これが、**詐欺による売買の意思表示**のケースです。

取り消すか否かは、騙された本人が決められる

この場合のAの承諾の意思表示は、内心的効果意思と表示行為との間には食い違いがありません。Aは「売ろう」と思って「売ります」と言っているからです。しかし、この意思表示を問題がないとするわけにはいきません。Bが騙さなければ、Aは売るという意思表示をすることもなかったからです。

そこで、**詐欺による契約は、後から取り消すことができる**とされています（民法96条1項）。契約を最初から無効とはせずに、いったん有効とするのは、騙されて売買契約を結んでしまっても、それが必ずしも騙された人にとって不利益とはいえない場合があるからです。本人が騙されたことに気がついた後、今回の契約を冷静に振り返って、その契約をなかったことにしたいと考えた場合、承諾の意思表示を取り消し、逆に騙されたけれどもこのままでかまわないと考えた場合、取り消さずにそのままにすればよいのです。

騙されて意思表示をした場合

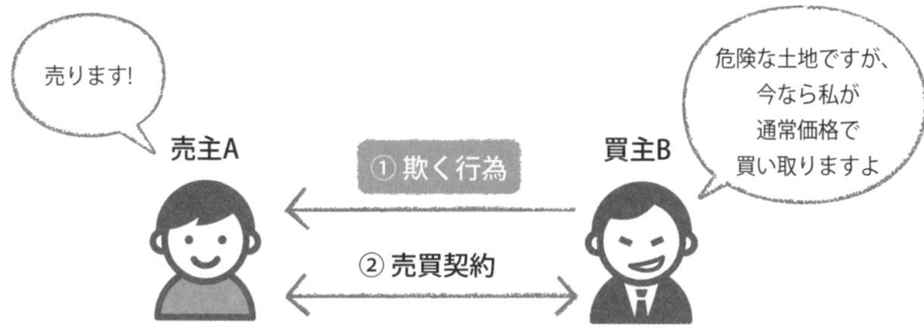

売主Aは意思表示を取り消すことができる　民法96条1項

詐欺の取消しと第三者

売主Aは、買主Bに対しては意思表示を取り消すことができるが、善意・無過失の第三者Cに対しては契約の無効を主張することができない　民法96条3項

ワンポイント

騙された側は、善意・無過失の第三者には契約の無効を主張できません

騙された売主Aは、騙した買主Bとの間の契約を取り消すことはできますが、善意・無過失の第三者Cに対しては、上図のように契約の無効を主張できません(民法96条3項)。これは、騙されたAと知らずに買ったCとを比較した場合、Aに落ち度があるため、Cを保護したほうがよいという価値判断からです。

民法総則

制限行為能力者とされる人とは？

「未成年者」「成年被後見人」「被保佐人」「被補助人」の４つのパターンがあります

ひとりで完全に有効な契約をすることができる能力を**行為能力**といいます。この行為能力が制限された人のことを**制限行為能力者**と呼び、具体的には、**未成年者**、**成年被後見人**、**被保佐人**、**被補助人**の４つのパターンに分かれ、いずれも判断能力が不十分な人といえます。

民法は、これらの人が行った契約などを、判断能力が十分な人が行った契約などと同じように本人にその結果を帰属させるのは酷であるという判断から、一定の場合にこれらの人が**ひとりで行った契約などを後から取り消すことができる**ようにし、制限行為能力者の人たちを保護しています。

「制限行為能力者」に当たるのは？

制限行為能力者に当たるのは、具体的にどのような人なのでしょうか。

「未成年者」とは、18 歳未満の人をいいます（民法４条）。

「成年被後見人」とは、精神上の障害により正常な判断能力をつねに欠いている状態にある人で、家庭裁判所の**後見開始の審判**を受けた人をいいます（民法 7、8 条）。病気などで意識不明の人、重度の精神障害の人、重度の認知症の人などがこれに当たります。

「被保佐人」とは、精神上の障害により正常な判断能力が著しく不十分な人で、家庭裁判所の**保佐開始の審判**を受けた人をいいます（民法 11、12 条）。知的障害の人、重度とはいえない認知症の人などがこれに当たります。

「被補助人」とは、精神上の障害により正常な判断能力が不十分な人で、家庭裁判所の**補助開始の審判**を受けた人をいいます（民法 15、16 条）。軽度の知的障害の人、軽度の認知症の人などがこれに当たります。

いずれの場合も、家庭裁判所の審判を受けることが必要です。

未成年者Cが親権者の同意なしで車を買った場合

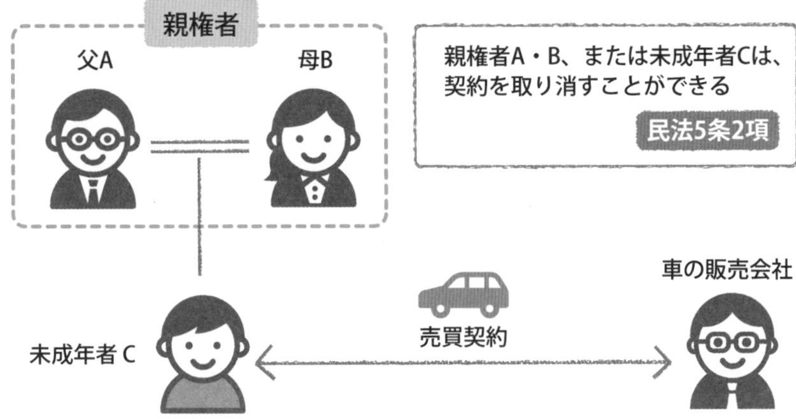

制限行為能力者の4つのパターンと、それぞれの保護者

制限行為能力者		保護者
未成年者	18歳未満の人	親権者 未成年後見人
成年被後見人	精神上の障害により正常な判断能力をつねに欠いている状態にある人で、家庭裁判所の後見開始の審判を受けた人	成年後見人
被保佐人	精神上の障害により正常な判断能力が著しく不十分な人で、家庭裁判所の保佐開始の審判を受けた人	保佐人
被補助人	精神上の障害により正常な判断能力が不十分な人で、家庭裁判所の補助開始の審判を受けた人	補助人

ワンポイント

制限行為能力者には、必ず保護者が存在します

未成年者の場合、第１次的には親権者が保護者となりますが、親権者がいない場合などは、第２次的に未成年後見人が保護者となります。成年被後見人・被保佐人・被補助人の保護者としては、それぞれ成年後見人・保佐人・補助人が家庭裁判所により選任されます。

民法総則

契約上での代理人の権限とは？

代理人は自らの判断で、相手方との売買契約などを締結できます

「代理人を選んで、契約を代理人に任せる」などと表現される**代理人**とは、どのような役割を担う人なのでしょうか。

代理人を選んだ人を**本人**といいます。土地を買いたいＡが、土地の売買に不慣れであるということで、不動産売買に詳しい友人Ｂに「こういう条件の土地を探しているけれども、私は不動産売買の知識もコネもないので、売買に詳しい君に代理人になってもらって、私の代わりに条件に合う土地を買ってきてくれないだろうか」と頼んだとします。

Ｂがこれを承諾すると、ＢはＡの代理人、Ａは本人となります。そして、Ｂが適当な土地を見つけ、その土地の所有者Ｃ（**相手方**といいます）との間で、売買契約を締結するのです。

重要な点は、代理人が**自らの判断で相手方との間で売買契約を締結する**ということです。代金の支払いや引渡方法、各種の取決めも相手方との話し合いにより代理人の裁量で決めることになります。

代理人の行為の効果は、本人に直接帰属する

このとき、所有権の移転と債権・債務の発生という売買契約の効果は、契約を締結した代理人Ｂと相手方Ｃの間に生じるのではなく、本人Ａと相手方Ｃの間に生じることになります。このことを「**ＢＣ間の契約の効果が、ＡＣ間に効果帰属する**」と表現します。つまり、代金債権はＣからＡに対して発生し、引渡債権はＡからＣに対して発生する、ということです。それにより目的物である土地の所有権はＣからＡに直接移転することになります。

その結果、本人Ａは、不動産の売買に詳しくなくても、あるいは仕事で忙しくて時間がなくても、代理人Ｂの力を借りて、効率よく土地を購入できるわけです。

代理人の行為の効果とは?

【例】AがBに土地購入の代理権を与えた場合

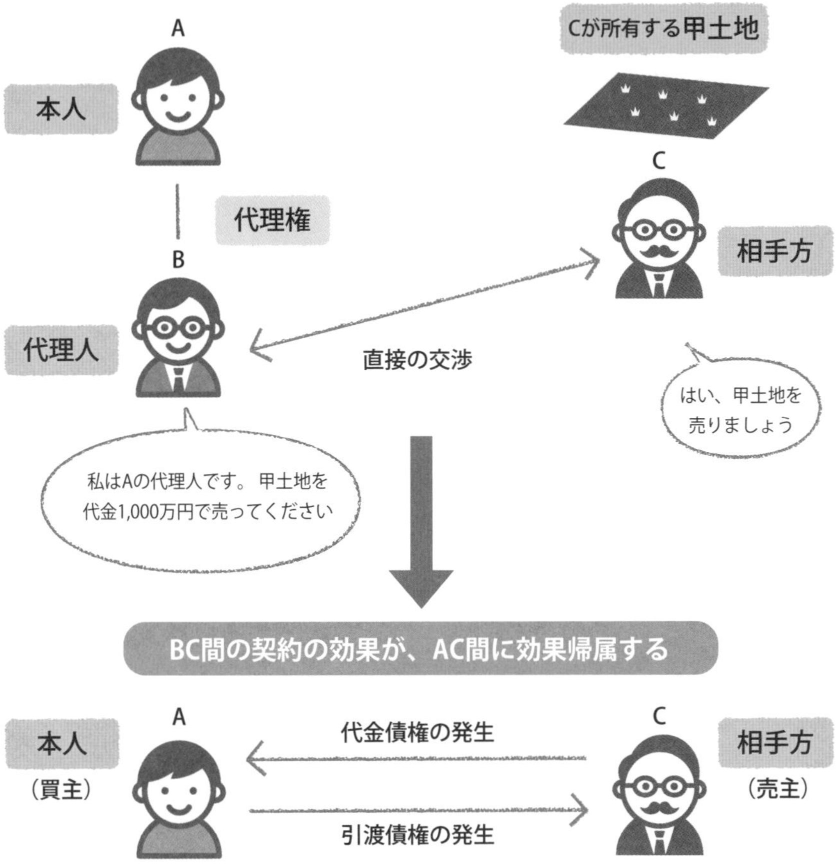

A
本人
Cが所有する甲土地
C
代理権
相手方
B
代理人
直接の交渉
はい、甲土地を
売りましょう
私はAの代理人です。 甲土地を
代金1,000万円で売ってください
BC間の契約の効果が、AC間に効果帰属する
A
本人
(買主)
代金債権の発生
引渡債権の発生
C
相手方
(売主)

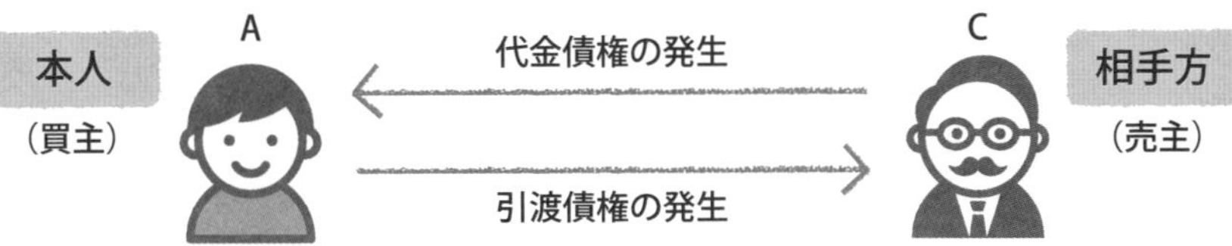

ワンポイント

代理行為には「顕名(けんめい)」が必要です

代理人が代理行為をする場合には、「本人のために行う」ことを示す必要があります。これを「顕名」といい、通常、「私は、Aの代理人Bです」と相手方に向かって表示します。これにより相手方は自分の契約相手がAだと知ることができるのです。

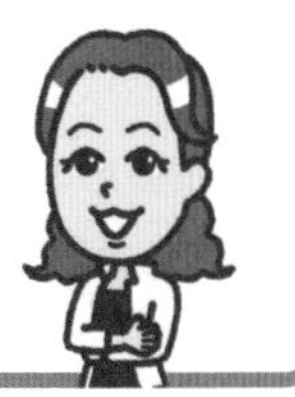

民法総則

２種類の時効制度とは？

時効には「取得時効」と「消滅時効」の２種類があります

時効という言葉は、みなさんも聞いたことがあると思います。

時効とは「時（とき）」の「効」果と書きます。一定の時が経つことによって、ある効果（結果）が生じてくることをいいます。

では、時が経つことによってどんな効果（結果）が生じるのでしょうか。

時効には、**何らかの権利を取得する効果**が生まれる**取得時効**と、**何らかの権利が消滅する効果**が生まれる**消滅時効**の２つの制度があります。

不法占拠でも、時間が経てば自分のものになる　…取得時効

Ｂが、Ａの土地上に勝手にプレハブ小屋を建てて住み始めるなど、不法占拠を始めました。所有権を持っているＡからすれば、自らの所有権の行使を脅かす第三者が現れたわけですから、ＡはこのＢに対して、所有権に基づき当然に発生する物権的返還請求権（47ページ・ワンポイント参照）によって「私の土地を返せ」と請求できます。それを受けて、Ｂが「はい、すみませんでした」と返すのなら、**取得時効**の問題にはなりません。

ところが、Ｂが返さなかったとします。しかも、Ａもそれ以上Ｂに「返せ」と請求し続けるのが面倒になり、そのままにして20年の歳月が流れたとします。そして、20年ぶりにＡはＢに対して「私の土地を返せ」ともう一度請求。この場合、請求をされたＢは、それを拒むことができるのでしょうか。

じつは、Ｂが次の４つの要件を満たす場合、Ｂは、Ａのものだった土地の所有権を取得できます。

それは、**①所有の意思**を持って、**②平穏・公然**と、**③占有開始時に善意・無過失の場合は10年間、悪意または善意・有過失の場合は20年間継続**して、**④他人のものを占有**する、という４つです。

①はＢがこの土地を「自分のもの」として使用していれば認められます。

②はBがこの土地を力ずくで奪ったりしていないことが必要で、かつ他人から見てBが支配しているとわかる必要があるということです。③はBがこの土地を支配した当初、**自分の土地でないことを知らず、知らないことに過失がない場合は10年間、そうでない場合は20年間**、この土地を支配することが必要だということです。④の**占有**とはモノを事実上支配することです。Bはプレハブ小屋を建てて住みついているため、土地を事実上支配していると評価され、Bには占有があると認められます。

この4つの要件を満たすと、Bは土地の所有権を取得します。ただし、それには「私は取得時効を**援用**(えんよう)します」という一言が必要です。**援用とは、当事者が「私は時効の利益を受けます」といった発言をすること**です。そして、そう言いさえすればBの所有物になるのです。これが取得時効です。

なお、BはAに土地の代価を支払う必要がありません。これは、時効制度の趣旨が、「権利の上に眠る者(この例では所有者A)は保護に値しない」というものだからです。

借金も、時間が経てばチャラになる？　…消滅時効

次に**消滅時効**を見ていきましょう。これは、ある一定の期間が経過すると、権利が消えてしまう効果が生まれる、というものです。

たとえば、債権者Aが債務者Bに対して100万円の金銭債権を有していたとします。ところが、返済期限を過ぎてもBは支払いません。こうした未払い状態が10年間続いた後、Aが改めてBに対して返済を請求しました。

このとき、Bに支払義務はあるのでしょうか。

債権は、一定期間行使しないと消滅時効の効果によって消えてしまいます。この「一定期間」とは、債権の場合、**債権者が弁済期(返済期限)がくるのを知ったときから5年間、または弁済期から10年間**です。ただし、この期間が経過すると、当然に債権が時効消滅するのではなく、債務者のほうから時効の援用があったときに債権は消滅します。時効の援用とは、たとえば、債務者が債権者に対して、「もう時効だから払いません」といった発言をすることです。

消滅時効の効果はいつから発生するのか？

10年経って初めて消滅時効を主張できるとして、では権利が消えるのはいつなのでしょうか。これについて民法では、**時効の効力は（時効期間の）起算日に遡る**（民法144条）としています。これを先ほどの債権者Ａと債務者Ｂの間のケースについて当てはめると、10年前の返済期限に遡って、その日からＡのＢに対する貸金債権が消えた扱いにする、ということです。

なぜこのような取扱いなのかというと、貸金債権の場合、返済期限を過ぎると、どんどんペナルティーが発生していくからです。具体的には、返済期限に返済しないと、元本（がんぽん）（借りたお金）について最低３％（この利率は３年ごとに見直されます）の**遅延損害金**が、自動的に発生するのです（民法404条２項)。100万円だったら１年ごとに３万円ずつ、10年経てば30万円です。

時効の援用を行った10年目に債権が消えると考えると、元本である100万円は時効で消滅しますが、返済期限を過ぎたことによる遅延損害金の30万円は消滅しません。となると、債務者Ｂはこの金額を支払わねばなりません。債務者を保護するはずの消滅時効制度が、これでは収まりが悪くなってしまいます。

そこで、100万円という金銭債権そのものが返済期限の時点で消滅したとして、その後の10年間の延滞の事実をなくしてしまうのです。

取得時効も起算日から発生する

これは取得時効でも同様です。先ほどのＢがＡの土地に勝手にプレハブ小屋を建てた事例でいえば、Ｂが取得時効の援用をしたときではなく、不法占拠を開始した日から「Ｂのものだった」となります。

これも不法占拠していたＢを保護するためのものです。20年間、ＢはＡの土地を不法に占有していたのですから、Ａはその間の土地使用料相当額をＢに請求したいと思うかもしれません。そうした事態にならないように、20年前にＢが不法占拠を始めた日からＢのものとするのです。

取得時効の効果

Bは A所有の土地の上に無断で建物を建て、占有

取得時効の援用

A所有の土地 → 20年経過 / Bによる不法占拠 → B所有の土地 ― 取得時効

この土地にAが甲銀行との間に抵当権を設定していた場合、取得時効の成立とともに、抵当権は消滅する。その結果、Bは誰の権利もついていない真っ白な所有権を取得できる

消滅時効の効果

債権者A　　債務者B

100万円の金銭債権 →

❶債権者が返済期限の到来を知ったとき

❷返済期限が到来したとき

債権者A

権利を行使せず

5年経過　　10年経過

金銭債権の消滅により、債務者Bは、借りた100万円も、返済期限を過ぎたことによって生じる遅延損害金も支払う必要がなくなる

債権者Aの金銭債権が消滅

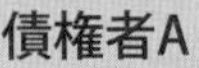

ワンポイント

時効を阻止することは可能？

取得時効では、時効完成前に所有者のAが不法占拠しているBに対して、土地の明渡請求訴訟等を起こした場合に、消滅時効では、時効完成前に、債権者Aが債務者Bに対して貸金返還請求訴訟等を起こした場合に、裁判が終了するまでの間、時効は完成しません。これを「時効の完成猶予の制度」といいます（民法 147 条1項1号）。

物権と債権

物権と債権はそれぞれどんな権利か？

物権は「物」を支配する権利、債権は「人」に対して請求できる権利です

ここからは、**物権**と**債権**について見ていきます。

まず物権ですが、これは、**物(ぶつ)を直接に、人を介さずに支配できる権利**であり、どのように物を支配できるのかによって、**10種類**に分かれます（右ページ参照）。その代表格が**所有権**です。これは**使用・収益・処分**を自由にできるという形で、その物を支配できる権利です（民法206条）。

ただ、物の支配権が所有権だけでは何かと不自由です。たとえば、物を使用さえできればよく、処分する権限は不要といった場合などです。そこで物権には、所有権の物に対する支配権を「10」とするならば、その権利を「８」や「６」等に制限したものも存在します。これらは所有権の物に対する支配権を一部に制限した物権ということで、**制限物権**といいます。

代表例は**地上権**で、これは所有権が10ならば８くらいの支配権で、「**建物などの工作物、または竹木(ちくぼく)を所有するために、他人の土地を使用することができる**」という形で物（土地）を支配する権利です。

債権は無限につくれる

次に債権ですが、これは「**ある人がある人に対して『何かしてくれ』と請求できる権利**」です。物権の種類は10種類に決まっているのに対し、債権の場合、「何かしてくれ」の部分を変えることで、自由につくることができます。代表的な債権の場合、「代金債権」など名称がありますが、そうした名称がなくとも、上記の定義に当てはまれば債権となります。

たとえば、マンションの下の階の住人Ｂが上の階の住人Ａとの間で、「夜11時以降は大きな音を立てない」と約束する契約をした場合、ＢはＡに対して、「夜11時以降は大きな音を立てない」ことを請求する債権を取得することになります。

「物権」には10種類ある

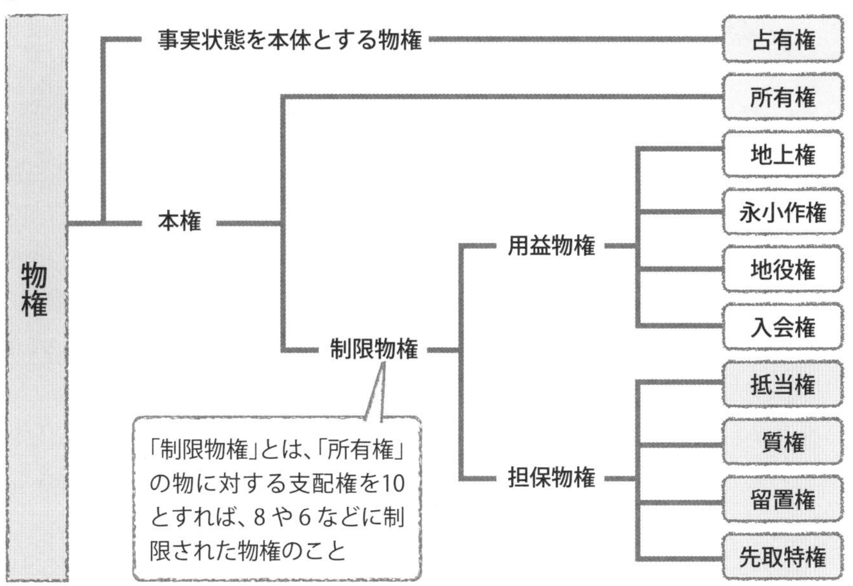

「債権」は自由につくれる

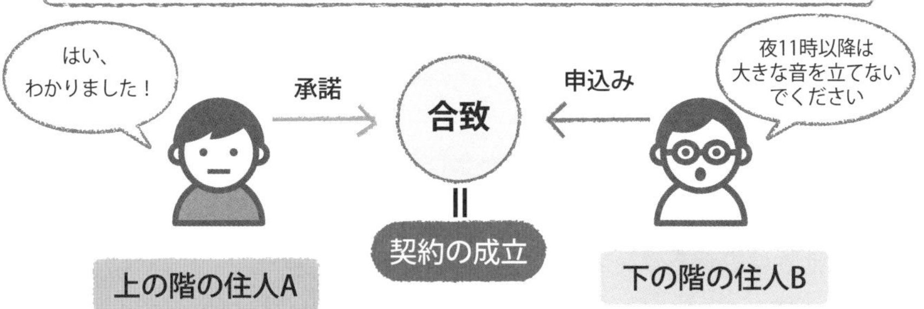

ワンポイント

「物権的請求権」とは？

物権は「物」に対する権利であり、債権のように「人」に対する権利ではありません。ただ、物権を脅かす第三者に対して何も請求できないのでは、物権の価値が地に落ちます。そこで、この第三者に対して、返還や妨害排除など一定の請求をすることができる権利のことを「物権的請求権」と呼びます。

物権と債権

公示の原則とは？

物権の排他性は
公示を備えて初めて生じます

物権には**排他性**（はいたせい）という性質があります。これは、1つの「物」を目的として成立する物権は、**それと矛盾するほかの権利を排除することができる**、という性質です。たとえば、所有権の場合であれば、対象の「物」について他人が所有権を主張してきたとしても、これを排除できます。

物権の排他性は非常に強い力であり、物権者にこの力を持たせるためには、外部から見て、その物権を持つ人が誰であるかを示す（**公示**といいます）必要があります。

実際、こうした公示がないと、怖くて物の売買などの取引ができません。たとえば、「これの所有者だ！」と主張する人から物を購入し代金を払ったところ、じつはその売主は真の所有者ではなく、後から真の所有者が現れた場合、それを購入した自分の所有権が否定（排斥）されてしまうということが起こり得ます。

こうした事態を避けるために、所有者が誰か、排他性を持つ人が誰かを、外部から確認できる状態にしておかなければならない、というわけです。

そのためのルールとして、民法は**公示の原則**を定めています。これは、**物権の排他性は公示を備えて初めて生じる**という原則です。

なお、**不動産（土地や建物のこと）物権における「公示」とは、「登記」を指します**。ここでは公示の原則の具体例を見ていきましょう。

「先に買った者勝ち」ではない

民法には以下のような条文があります。

「不動産に関する物権の得喪及び変更は、不動産登記法その他の登記に関する法律の定めるところに従いその登記をしなければ、第三者に対抗することができない」（民法 177 条）

これは、不動産に関する物権変動（売買契約による所有権移転など）は、登記をしないと、第三者に対して所有権が移転したと主張・対抗することができないという条文です。つまり、**登記を備えて初めて、同じ内容の権利を排斥できる排他性が備わる**ことを表現した条文なのです。

たとえば、AとBの間の売買契約によって、所有権が買主Bに移転し、その後、同じ不動産を売主AがCに二重に売却したとします。

このとき、Bが先に買ったからといって、「私の所有権には、ほかを排斥する力がある」と主張してCを排斥できるわけではありません。Bが売買契約により所有者になっただけでは排他性は備わらず、Bの所有権に**公示である登記**が備えられて初めて、Cを排斥することができるのです。

これは、Cにとっても同じです。Cが所有権を取得した後、登記を備えることによりCの所有権に排他性が備わり、Bを排斥することができます。

なお、「登記を備える」とは、不動産登記記録（51ページ参照）の所有者Aの名義をBまたはCに変更することです。どちらかが先に登記名義を自己名義に変更すると、他方は登記名義を備えられなくなります。

ただし、上記のケースの場合、Cが先に登記名義を備えた際には、BはAに対して支払ったお金を返してもらうことができます。さらに「Aさん、どういうことなんだ。売買契約の違反行為じゃないか」と、Aに対してペナルティーの追及をすることもできます（これを**損害賠償請求**といいます）。

ちなみに、このケースで、Bから名義を書き換える登記手続きを依頼された司法書士が、その手続きを怠っていたとすれば、司法書士に対して責任追及、つまり損害賠償請求をすることもあり得ます。だから、司法書士の責任は重大なのです。

1つしかない物を二重に売れるのか？

ここで素朴な疑問が生じるかもしれません。そもそも1つの不動産を二重に売却することが可能なのか、という疑問です。

この場合、売主Aが買主Bに不動産を売ったことによりBへ所有権が移転しますが、**Bが公示である登記を備えるまでは排他性を持っていないので、**

1 民法 2 不動産登記法 3 会社法 4 商業登記法

まだBの所有権は不完全だと考えます。

逆にいえば、譲り渡したAにもまだ少しは所有権が残っていると考えられるのです。その後、Aが残っている所有権を使ってCへ二重に売却した場合、この売買によりCへも所有権が移転します。ただし、やはり登記を備えるまではCの所有権は不完全で、かつAにもまだ所有権は残ると考えられます。よって、理論上、三重売買、四重売買もできるわけです。

そして、この不動産を同一人物から購入した複数の買主たちは、そのうちの誰かが登記を備えるまで、みな一応の所有権者となります。

こうした考え方を、**不完全物権変動説**といいます。

登記に記録される内容とは？

ここで**登記**とはどのようなものか見ていきましょう。

土地や建物は、一つひとつに必ず1つの「登記」が存在します。登記は、その不動産を管轄する法務局に、電磁的データの形で存在します。

登記は、不動産の表示に関する事項を記録する**表題部**と、権利関係を記録する**権利部**の2つの部分から成り立っています。

権利部はさらに、所有権に関する情報を記録する**甲区**と、所有権以外の権利に関する情報を記録する**乙区**に分かれています。甲区の最後に所有者として記録されている人が現在の所有権登記名義人です（右ページ参照)。

たとえば、右ページの記載例のようにBが所有権者として登記されると、Bの所有権に排他性が認められることになります。そうすれば、その後、同一不動産を二重に買ったCという人が仮に現れたとしても、Bの所有権に排他性がある以上、二重にこの不動産を買ったCは排除・排斥されることになります。

なぜなら、不動産を買う人は、買う前に登記記録を確認することができるからです。それを確認していれば、Bの所有物であることが確認でき、Cは二重に買うという選択をせずに自己防衛ができたはずです。そのため、登記記録を確認しなかったCは、排除・排斥されても仕方がないということになるのです。

不動産登記記録の記載例

【表題部】不動産の表示に関する事項を記録している部分

【表題部】（土地の表示）				調整 平成４年７月３日	地図番号	余白
【所在】	千代田区内神田五丁目			余白		
【①地番】	【②地目】	【③地積】 m²		【原因及びその日付】	【登記の日付】	
301番１	宅地	380	00	余白	余白	

【権利部】権利関係を記録している部分

所有権に関する情報を記録

【権利部（甲区）】（所有権に関する登記）			
【順位番号】	【登記の目的】	【受付年月日・受付番号】	【権利者その他の事項】
1	所有権保存	昭和23年７月29日 第8423号	所有者　新宿区新宿三丁目５番２号　A
2	所有権移転	平成15年７月８日 第8958号	原因　平成15年７月７日売買 所有者　豊島区目白一丁目１番５号　B

所有権以外の権利に関する情報を記録

【権利部（乙区）】（所有権以外の権利に関する登記）			
【順位番号】	【登記の目的】	【受付年月日・受付番号】	【権利者その他の事項】
1	抵当権設定	平成15年７月８日 第8959号	原因　平成15年７月７日金銭消費貸借同日設定 債権額　金8,000万円 利息年　10% 損害金　年14% 債務者　豊島区目白一丁目１番５号　B 抵当権者　港区三田九丁目１番１号　甲信用金庫

ワンポイント

登記が必要な民法上の権利を押さえておこう！

登記を要する民法上の不動産物権は、所有権・地上権・永小作権・地役権・抵当権(根抵当権)・質権・先取特権です。また、物権以外では、不動産賃借権・不動産買戻権・配偶者居住権が該当します。

物権と債権

12 「177条の第三者」とはどういった人か？

登記がないことを主張することについて正当な利益を持つ人をいいます

48ページで取り上げた民法177条（「不動産に関する物権の得喪及び変更は、不動産登記法その他の登記に関する法律の定めるところに従いその登記をしなければ、第三者に対抗することができない」）の**第三者**とは、どのような人を指すのでしょうか。一般的に、「第三者」とは当事者以外の人を指しますが、それらの人はすべて**177条の第三者**に該当するのでしょうか。

最高裁判所の判例が定義する「177条の第三者」

最高裁判所の判例では、177条の第三者とは、当事者以外のすべての人を指すのではなく、「**登記の欠缺（けんけつ）（登記がないこと）を主張するにつき正当な利益を有する第三者をいう**」としています。つまり、「あなた、登記がないじゃないか！　だから、私に向かって物権変動を主張することはできないよ！」と主張することについて、正当な利益がある人（つまり、「そういう主張をするのも、無理もないよね」と思ってもらえる人）のことです。

では、登記を備えていないA所有の土地をBが不法占拠している場合に、AがBに対して明渡しを請求した際、BがAに対し、「あなた、登記がないじゃないか！　だから、私に向かって所有者だと主張することはできないよ！」と言った場合、このBの反論には正当な利益があるのでしょうか。

Bは人さまの土地を不法占拠しておきながら、何とも図々しいですよね。Bのこの主張に対して、「無理もないね」とは判断できません。よって、BはAにとって177条の第三者ではないということになります。

なお、177条の第三者の代表例は、**二重譲渡の買主相互間**です（右ページ参照）。買主のどちらもが登記を備えていないケースで、相手に対して所有権を主張したところ、相手から「あなた、登記がないじゃないか！」と主張された場合、この主張は公示の原則により正当な利益があることになります。

不動産の二重譲渡における「177 条の第三者」とは?

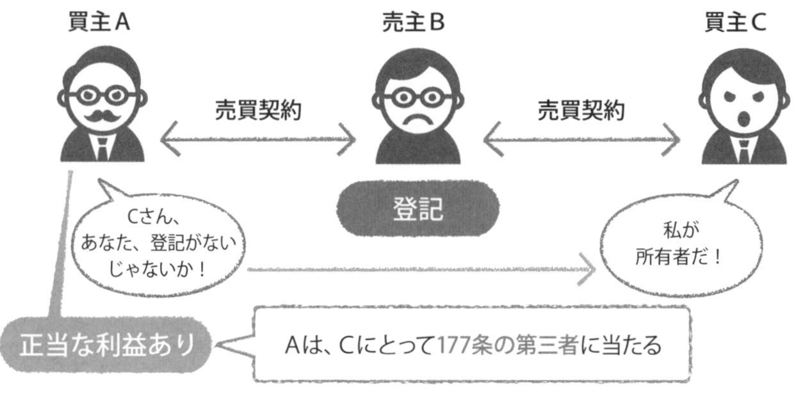

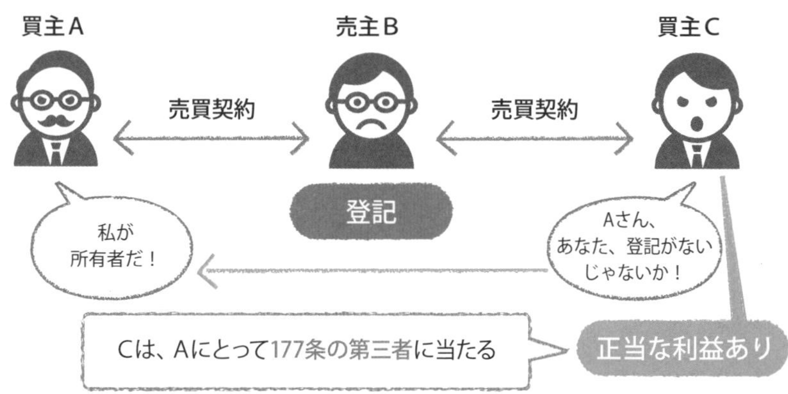

ワンポイント

「第三者」は、善意・悪意を問いません

177 条の第三者は、善意・悪意を問いません。上の例でいえば、買主Aの後に売主Bから土地を買った買主Cが、売主Bと買主Aとの間の売買の事実を知っていても、買主Aより先に登記を備えれば、自分の所有権を主張できます。これは、正当な自由競争の範囲内であれば、たとえ悪意であっても保護されるべきという判断によるものです。

物権と債権

共有とは？

1つの物を数人で所有するのが共有です。共有者はそれぞれの持分を持っています

共有とは、**数人で1つの物を所有**することをいいます。その数人を**共有者**といい、共有者の共同所有の割合のことを**持分**といいます。

共有とは、各共有者がそれぞれ持っている持分が、ほかの共有者の持分により制限され、その内容の総和が1個の所有権の内容と等しくなっている状態と説明されます。

たとえば、ＡＢＣの３人で１つの物を共有している状態を右ページのように「立方体」と「風船」で表すと、１個の所有権の内容（立方体）の中にそれぞれの持分（風船）が押し込められ、互いにこれ以上大きくなれないというイメージです。こうした考え方を**共有持分の弾力性の理論**といいます。

もし共有者のひとりがその持分について、「いらない」と意思表示をした場合（**持分の放棄**といいます）、その持分はほかの共有者に帰属することになります（民法255条）。風船にたとえれば、1個の風船が割れることにより、反動で残りの風船がその分だけ膨らむ、ということです。

持分は自由に他人に売ることができる

各共有者は、自分の持分を自由に売却などをすることができます。たとえば、１つの土地をＡとＢの２人で、持分を各２分の１ずつ共有している場合に、共有者Ｂはその持分をＣに売却することができます。

このとき、もう１人の共有者であるＡの同意は不要です。**持分は所有権ですから自由に処分でき**、それを他人はとやかく言えないからです。

なお、このケースで買主Ｃは、その持分を取得したという登記を備えなければ、ほかの共有者Ａに、持分取得を主張することはできません。ＡはＣの登記がないことを主張することができる正当な利益を持つ、Ｃにとっての177条の第三者に該当するからです。

「共有持分の弾力性の理論」とは？

共有持分の弾力性の理論

1個の立方体の中に複数の風船が押し込められ、お互いがこれ以上大きくなれない状態

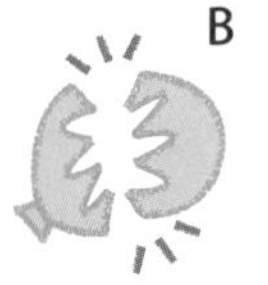

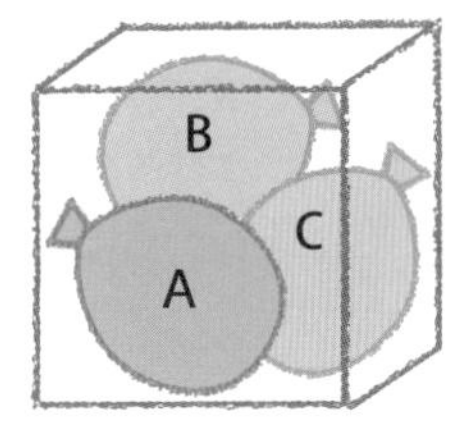

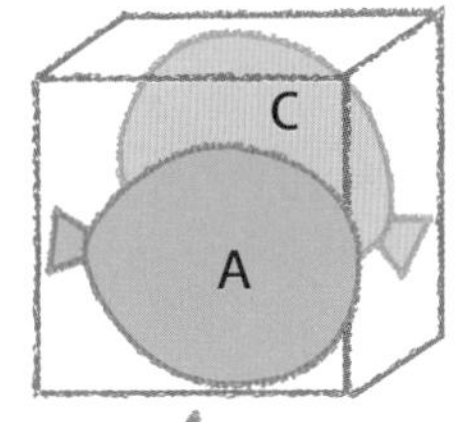

Bが持分を放棄

共有者のひとりが持分の放棄の意思表示をした場合、その分、残りの共有者の持分は増える

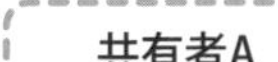

共有者の持分譲渡について

共有者A　共有者B

持分譲渡

各共有者は、ほかの共有者の同意なしに、自分の持分について自由に売却ができる

共有者A　新たな共有者C

ワンポイント

新たに持分を譲り受けた人は、持分移転登記を備える必要があります

持分譲渡において、譲り受けた人は、その旨の登記をしなければ、ほかの共有者に対して持分の取得を主張することができません。

14

物権と債権

動産はどうすれば「自分の物」と主張できる？

引き渡してもらうことで、動産の所有権を対抗できます

不動産には、「登記」という公示制度があることはすでに学習しましたが、不動産以外の「物」である動産（宝石やパソコンなど）はどうでしょうか。

じつは民法上では、動産について、誰が所有者なのかといった情報を記録する登記・登録制度がありません。不動産のように登記記録を確認すれば所有者が判明するというわけにはいかないのです。

そこで、**民法178条**では、「動産に関する物権の譲渡は、その動産の引渡しがなければ、第三者に対抗することができない」と規定し、**「引渡し」をもって動産の公示とする**ことにしています。

引渡しとは、**物の占有を移転**することをいいます。占有とは物を事実上支配することですから、たとえば、AがBから宝石を購入し、引渡しを受けることによって、宝石はAの支配下に入ったことになり、Aはその宝石に対して公示の原則により排他性を持つことができます。

動産のみに認められる即時取得制度

では、Bが占有している宝石が、じつはCからの借り物だった場合はどうでしょう。Bはこれを自分の所有物と偽ってAに売却し、一方のAはBが占有しているからBの宝石だろうと信じてこれを購入し、引渡しを受けました。このとき、Aは宝石の所有権を取得することができるのでしょうか。

上記のように、所有者ではないが動産を占有している人から、所有者でないことについて**善意・無過失で動産を購入し、自ら引渡しを受けた場合、その動産の所有権を取得**することができます。

これを**即時取得**（そくじしゅとく）といい、動産にのみ認められます。動産は登記のような公示制度がないため、「占有している人が所有者なのだろう」と信じることは無理もなく、信じて買った人を保護する制度が必要とされるためです。

動産の二重譲渡

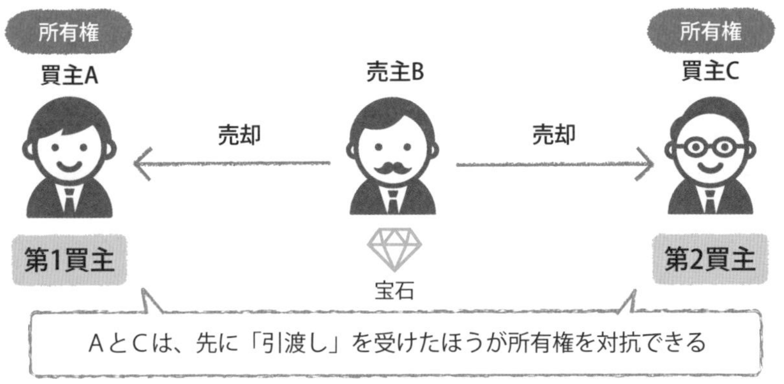

動産の即時取得

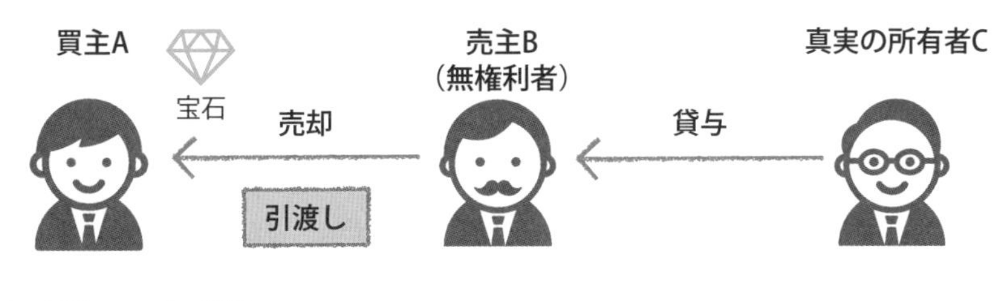

平穏 公然
善意 無過失

無権利者Bから、善意・無過失で購入したAは、所有権を取得することができる

ワンポイント

引渡しには、4つの種類があります

引渡しには、実際に手渡しをする「現実の引渡し」(民法182条1項)のほかに、「簡易の引渡し」(民法182条2項)、「占有改定」(民法183条)、「指図による占有移転」(民法184条)があります。

15

物権と債権

用益物権とはどのようなものか？

所有権の持つ「使用・収益・処分」のうち使用・収益に制限される物権です

所有権は、物を自由に使用・収益・処分することができる権利でした（46ページ参照）。この所有権の持つ支配力のうち「使用・収益」だけに制限した物権を**用益物権**といい、具体的には、**地上権**・**永小作権**（えいこさくけん）・**地役権**（ちえきけん）・**入会権**（いりあいけん）の４つがあります。

地上権についてはすでに簡単に紹介しましたが（46ページ参照）、ここでもう少し詳しく見ていきましょう。

地上権の支配力はどれくらいか？

地上権とは、「**建物などの工作物、または竹木を所有するために、他人の土地を使用することができる**」というように、物（土地）を支配する権利でしたね。

この地上権は多くの場合、他人所有の土地の上に、何らかの工作物を建築したい、あるいは木などを植えたいといったときに、その土地を利用できればよく、所有するほどではない場合などに選択されます。

この場合、土地の所有者と、利用したいと希望する人との間で**地上権設定契約**を締結します。この契約は売買契約と同様、申込みと承諾の合致で成立します。このとき、地上権を取得した人のことを**地上権者**、土地の所有者のことを**地上権設定者**と呼びます。

地上権取得の対価は、一般的に更地（建物などがなく、使用・収益を制約するような権利もついていない土地のこと）の価値の８割程度です。地上権設定契約の際に、一括して設定者に支払う場合と、契約時には支払わず、**地代**の形で設定者に支払っていく場合とがあります。

なお地上権は、登記することによって、のちに所有権を取得した人に対して、その地上権を対抗することができます（公示の原則。民法177条）。

用益物権の4つの種類

用益物権	内容
地上権 (民法265条)	建物などの工作物、または竹木を所有するために、他人の土地を使用する物権
永小作権 (民法270条)	耕作、または牧畜のために、他人の土地を利用する物権
地役権 (民法280条)	ある土地(要役地)の利用価値を増すために、他人の土地(承役地)を利用することができる物権 【例】 通行・引水・眺望・日照等のために地役権が設定される場合など
入会権 (民法263条、294条)	村落など一定の地域に居住する住民の集団が、山林や漁場などを総有的に支配する物権 【例】 村にある山について、村の住民一人ひとりがその所有権や地上権を有するわけではないが、その村の住民は共同して、その山で薪や山菜等を採ったりする「収益権」を慣習上持っている場合など

所有者が土地を売却した場合、地上権はどうなる?

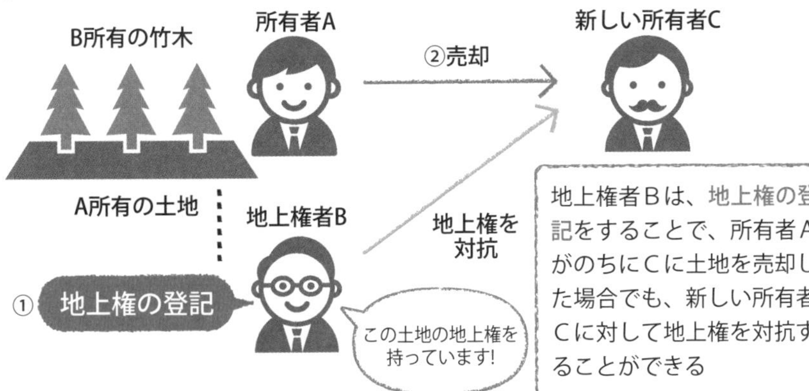

ワンポイント

地上権者は、地上権の売却ができます

地上権を売却する際、地上権者は、地上権設定者(地主)の承諾を得る必要はありません。その理由は、地上権は物権なので、他人にとやかく言われることなく自由に処分できるからです。

物権と債権

抵当権とは？

万が一に備えて債権回収を確実にする手段が担保で、その代表例が抵当権です

担保とは、債務者の財産が不足したときでも、債権者が自己の債権を全額回収できる可能性を高めておける制度です。もう少し簡単にいうと、担保は、**いざというときに貸したお金の回収を確実にする手段**です。「いざというとき」とは、債権の請求が空振りに終わったときのこと、つまり債務者がお金を払えないときのことです。

担保は、**人的担保**（じんてき）と**物的担保**（ぶってき）の２種類に分類されます。債権者が最終的に当てにしているものが、**人の資力（財力）**である場合を人的担保といいます。その代表例が**保証**です。保証契約により、いざというときには保証人に払ってもらう、ということです。

それに対して、債権者が最終的に当てにしているものが、**物の交換価値**である場合を物的担保といいます。交換価値とは、商品がお金に換わったときのその値打ちです。つまり最終的に当てにしているのは、土地や建物そのものではありません。それをお金に換えることで、そこから未払いの自分の債権を回収するのです。こうした物的担保の代表例が**抵当権**です。

抵当権の設定には契約が必要

さっそく、抵当権の事例を挙げましょう。

ＡさんがＢさんに600万円を貸したとします。Ｂさんの一般財産（総財産）の中には建物があり、ここに目をつけたＡさんは、この建物に抵当権を取得しようとしました。

その場合、お金を借りたＢさんが土地や建物の不動産を持っているだけで自動的にＡさんとの間で抵当権が成立するのではなく、契約によって抵当権を成立させなければなりません。つまり、ＡさんとＢさんの間では、２つの契約がされているのです。

1つが、お金の貸し借りの契約である**金銭消費貸借契約**、もう1つが、Aさんが抵当権を取得する契約である**抵当権設定契約**です。抵当権設定契約も売買契約と同じで、「あなたの建物に、抵当権を取得させてください」とAさんが申し込み、Bさんが承諾すれば、契約が成立します。

抵当権を持つ側が優先される

では、抵当権を取得すると、どのような効果が発生するのでしょうか。

たとえば、この事例でいえば、AさんとBさんが抵当権設定契約を結んだ後、BさんがCさんからも1,000万円を借りたとします。ところが、BさんはAさんとCさんの両方に返せなくなってしまいました。

そこでCさんが、強制執行としての競売(けいばい)の手続きをこの建物にかけ、裁判所によってこの建物を競売してお金に換え、そこから配当を受けようとしました。実際に建物は800万円で競売されたのですが、その800万円の配当先は**抵当権を持つAさんが優先**され、Aさんの配当は貸金債権の全額の600万円、一方のCさんの配当は、残りの200万円という結果でした。

どうしてこういう結果になるのかというと、いざというときに自分の債権を確実に回収する手段である抵当権を、Aさんだけが取得していたからです。

このように、抵当権はいざというときに威力を発揮し、債権者間（ここでは、AさんとCさん）で平等に配当されるのではなく、抵当権を持っているAさんが優先される、という結果を生み出すのです。

なお、**強制執行**とは、おおまかに「差押(さしおさ)え」→「競売」→「配当」という手続きで進んでいきます。もし配当時に、Aさんに抵当権がなかった場合、債権者同士の間では、債権の額に応じて平等に配当されるため、Aさん600万円：Cさん1,000万円ですから、3：5の割合で配当されることになります。この場合だと、Bさんの建物が800万円で売れたのであれば、Aさんが300万円、Cさんが500万円の配当を受けることになります。これを**債権者平等の原則**といいます。

抵当権という担保権のあるなしで配当金額が大きく変わるため、抵当権の設定を受けるかどうかは、重要なことといえます。

このように物的担保は、担保の目的物（土地や建物）が持っている価値から、債権の回収を優先的に受けることができる権利です。

この権利は、目的物がお金に換わった際に、「そこから優先的に債権の回収を受けられる」という形で、その目的物を支配しています。そのため物的担保は、何らかの形で「物」を支配する権利である「物権」に当たります。物的担保を、別名、**担保物権**というのはそのためです。

抵当権を二重に設定していたら？

では、先ほどの事例において、ＣさんもＢさんとの間で抵当権設定契約を締結して、抵当権を取得していたらどうなるのでしょうか。

この場合のＡさんとＣさんの優劣は、**公示の原則**（48ページ参照）で決着することになります。つまり、Ａさんが、「自分こそが、この換価代金から真っ先に配当を受ける抵当権者なのだ」とＣさんに対抗（主張）するためには、Ｃさんより先に、Ａさんが公示である**抵当権の登記**を備えている必要があるのです。それができていれば、Ａさんの勝ちで真っ先に600万円の配当を受けることができます。

反対に、Ｃさんが先に抵当権の登記を備えていれば、Ｃさんは、「自分こそが、真っ先に配当を受けられる」とＡさんに対抗でき、この場合にはＣさんが800万円全額の配当を受けることになります。

なお、所有権の登記の場合には、どちらかが先に登記を備えてしまうと、他方は所有権の登記を備えられませんが、抵当権の場合には、先にＡさんが登記を備えても、Ｃさんは抵当権の登記をすることができます。

登記の「順位番号」が１番の抵当権のことを「１番抵当権」、２番の抵当権のことを「２番抵当権」といい、配当の順番は登記のされた順序に従います。もしＡさんが先に登記したとしても、Ｃさんは「今さら……」とあきらめてしまうのではなく、第３、第４の抵当権者が現れることを想定して、２番手であっても登記しておいたほうがよいのです。

債権者平等の原則

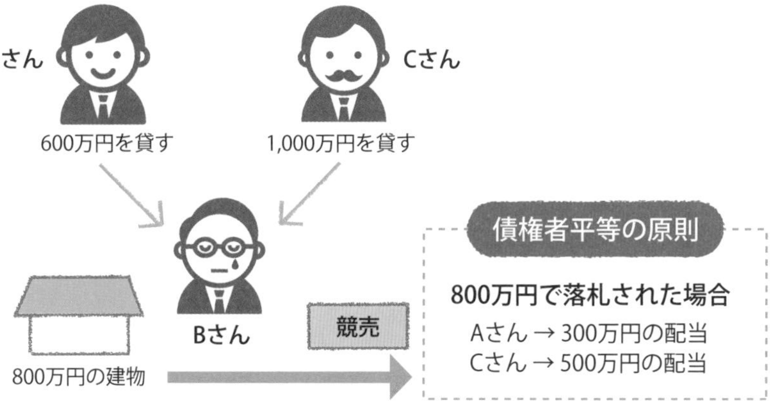

Aさん
600万円を貸す

Cさん
1,000万円を貸す

Bさん

800万円の建物

競売

債権者平等の原則

800万円で落札された場合
Aさん → 300万円の配当
Cさん → 500万円の配当

抵当権の効力

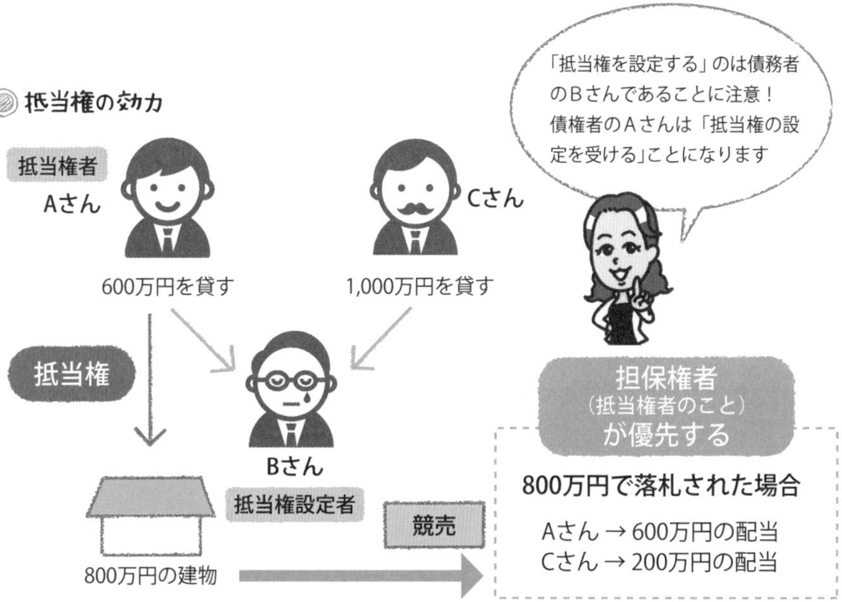

「抵当権を設定する」のは債務者のBさんであることに注意！債権者のAさんは「抵当権の設定を受ける」ことになります

抵当権者
Aさん
600万円を貸す

Cさん
1,000万円を貸す

抵当権

Bさん
抵当権設定者

800万円の建物

競売

担保権者（抵当権者のこと）が優先する

800万円で落札された場合
Aさん → 600万円の配当
Cさん → 200万円の配当

ワンポイント

「被担保債権」も押さえておきましょう！

抵当権などの担保によってカバーされている債権のことを「被担保債権」といいます。上のケースでは、Aさんが債務者Bさんに対して有する600万円の貸金債権が、抵当権の「被担保債権」となります。

物権と債権

質権とは？

質入れされた「物」を担保の目的にすること。「目的物」は動産・不動産のいずれでもOK

「質入れ」という言葉を聞いて、多くの人がイメージするのは、質屋に自分の所有物を持参し、それを引き渡してお金を借りることではないでしょうか。一方、民法での質権とは、**債権者（質権を持つ人）がその債権の担保として、債務者または第三者から受け取った物を占有し、かつその物についてほかの債権者に先立って自己の債権の弁済を受ける権利**とされています（民法342条）。

お金を貸した債権者は、質入れされた物（質草とくさ）の上に、質権という権利を取得することになります。対象となる物は抵当権と異なり、動産、不動産のいずれも可能です。

抵当権と同じく、お金の貸し借りの契約である金銭消費貸借契約と、質権を取得する契約である質権設定契約とは別の契約です。抵当権設定契約との違いは、「あなたのモノに質権を取得させてください」という申込みと、それに対する承諾だけでは質権設定の契約は成立せず、**対象となる物を債権者に引き渡して初めて成立**する、という点です。なお、債務者が借金を全額返済すれば、引き渡した物は債務者に返還されます。

質権は担保物権のひとつである

質権者は、債務者が借りたお金を返済できない場合、質権の対象物をお金に換えて、その代金からほかの貸金債権者より優先して、自己の債権の回収を図ることができます。

つまり抵当権と同じく、質権も万が一のときに債権回収を確実にする担保であり、債権者が最終的に当てにするのが「物の交換価値」であることから、**物的担保（担保物権）**となるのです。なお、質権と抵当権はともに設定契約により成立する担保物権であることから**約定担保物権**と呼ばれます。

質権とは?

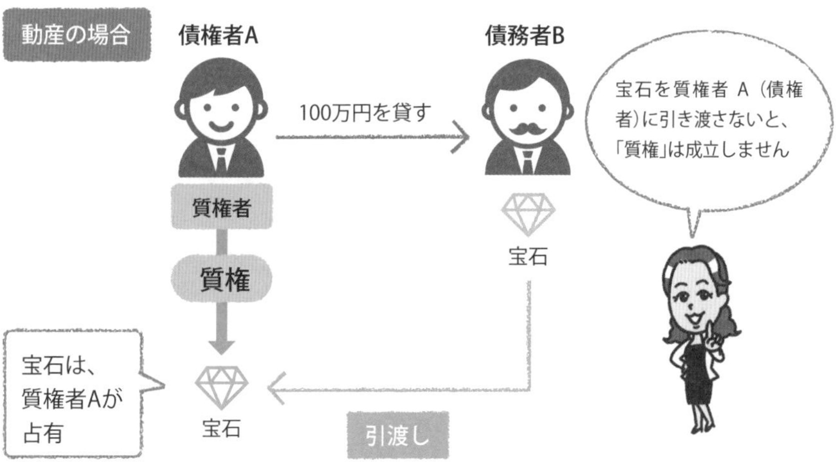

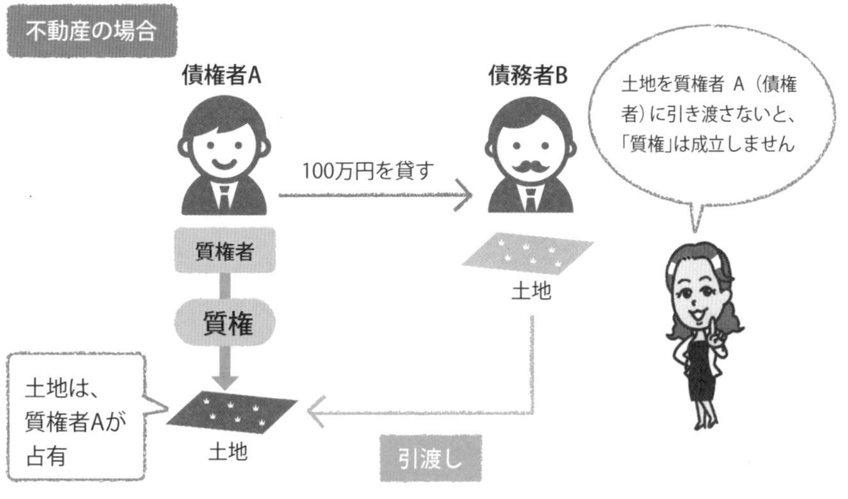

ワンポイント

質流しは、民法では禁止されています

質流しとは、正確には「流質契約（りゅうしち）」といいます。質権者と債務者との契約であり、返済に代えて、質入れされた物の所有権を質権者に取得・処分させることを約束することで、これは民法上、禁止されています（民法 349 条）。ただし、町の質屋には、質屋営業法という特別法により、流質契約を行うことが認められています。

18 契約

契約のさまざまな分類を知ろう

契約には、双務か片務か、有償か無償かといった分類があります

民法には、売買、贈与など13種類の契約が規定されています。これを民法典に規定されている契約という意味で**典型（てんけい）契約**といいます。しかし、これ以外の契約を締結することが禁止されているわけではありません。

個人主義・自由主義の観点から、人は自らの欲するところに従って、財貨に対する人としての関わりを決定し、財貨をめぐる生活関係を他人と結ぶことができるという**私的自治の原則**が民法の指導原理となっており、この原則から、個人が社会生活において、その意思に基づいて自由に契約を締結し、その生活関係を処理することができるという**契約自由の原則**が導かれます。

この契約自由の原則は、**契約締結の自由、契約の相手方選択の自由、契約内容決定の自由**をその内容としています。

契約のさまざまな分類

契約は大きく**双務（そうむ）契約**と**片務（へんむ）契約**とに分類できます。双務契約とは、**契約の各当事者が、相互に対価的意味を持つ債務を負担する契約**です。片務契約とは、**契約の当事者の一方がまったく債務を負担しない契約**、または**債務を負担する場合でも、一方の当事者の債務が他方と対価的な関係を有しない契約**のことです。

たとえば、売買契約は双務契約であり、贈与契約は片務契約となります。

そのほかの分類として、**有償契約**と**無償契約**があります。有償契約とは、**契約当事者が相互に対価的な経済的損失をする契約**であり、無償契約とは、**契約当事者の一方だけが経済的損失を負担する契約**のことです。

たとえば、売買契約は有償契約であり、贈与契約は無償契約となります。

双務契約と片務契約

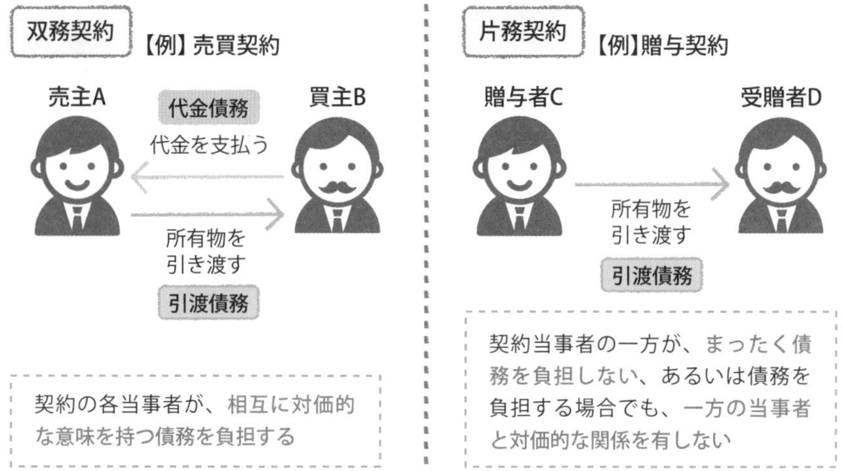

双務契約
【例】売買契約
売主A
買主B
代金債務
代金を支払う
所有物を
引き渡す
引渡債務
契約の各当事者が、相互に対価的な意味を持つ債務を負担する
片務契約
【例】贈与契約
贈与者C
受贈者D
所有物を
引き渡す
引渡債務
契約当事者の一方が、まったく債務を負担しない、あるいは債務を負担する場合でも、一方の当事者と対価的な関係を有しない

有償契約と無償契約

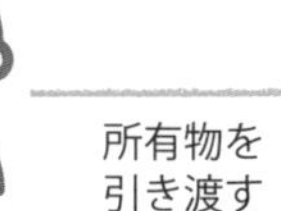

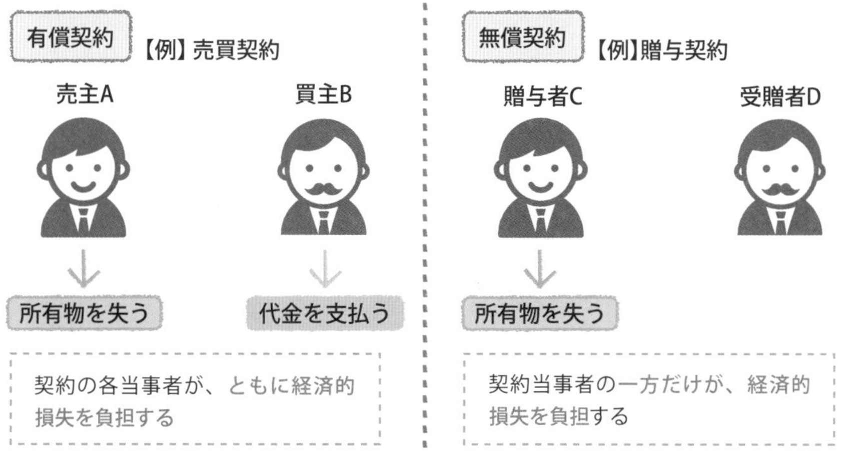

有償契約
【例】売買契約
売主A
買主B
所有物を失う
代金を支払う
契約の各当事者が、ともに経済的損失を負担する
無償契約
【例】贈与契約
贈与者C
受贈者D
所有物を失う
契約当事者の一方だけが、経済的損失を負担する

ワンポイント

利息付金銭消費貸借契約は、片務契約になります

要物契約である利息付金銭消費貸借契約で発生した債務は、借主の「貸主に対して借りたお金を返す債務」だけであり、貸主に「お金を貸す債務」は発生しません（片務契約）。これは、要物契約なので、契約の成立には貸主から借主への金銭の現実の交付が必要となり、契約の成立後に貸主に「貸す債務」は発生しないためです。

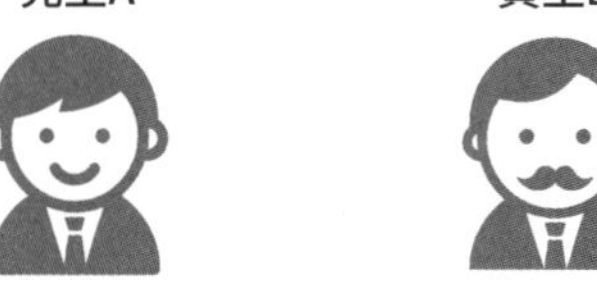

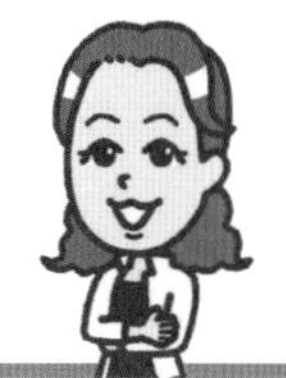

19

契約

同時履行の抗弁権とは？

一方的に履行の請求を受けた場合に、その履行を拒否できる権利のことです

売主Aと買主Bとの間で車の売買契約が締結され、車の引渡しが完了していない段階で、AがBに対して一方的に代金の支払いを請求してきたとします。この場合、Bはこれに応じて代金を支払わなければならないのでしょうか。もしそうであるなら、仮にBが支払った後にAが車の引渡しをしなかったら、一方的に支払いを強制されたBには酷な結果となります。

売買契約は双務契約であり（66ページ参照）、契約各当事者が、相互に対価的意味を持つ債務を負担する契約です。そのため、両者の取扱いは平等にしなければいけません。

そこで、**双務契約においては、一方の債務が履行されるまで、他方の債務も履行しなくてよい**として、一方的に履行の請求を受けた場合、その履行を拒否する権利を認めています。これを**同時履行の抗弁権**といいます（民法533条）。このケースでいえば、買主Bは、「車を引き渡してもらうまで、代金を支払わないよ！」と主張し、支払いを拒むことが認められるのです。また、売主Aにも同時履行の抗弁権は認められますから、Bが一方的に車の引渡しを請求してきたならば、「代金を支払ってくれるまで車を引き渡さないよ！」と主張することができます。

同時履行の抗弁権を失わせる方法

では、このケースで、売主Aが買主Bの同時履行の抗弁権を失わせるにはどうすればよいのでしょうか。それには、原則として、**AがBの目の前まで車を持っていくこと**です（**弁済提供**といいます）。目の前に車がきている以上、Bは「車を引き渡してもらうまで代金を支払わないよ！」とは言えません。反対に、Bが代金をAの目の前まで持っていけば、Aの同時履行の抗弁権は失われることになります。

同時履行の抗弁権とは？

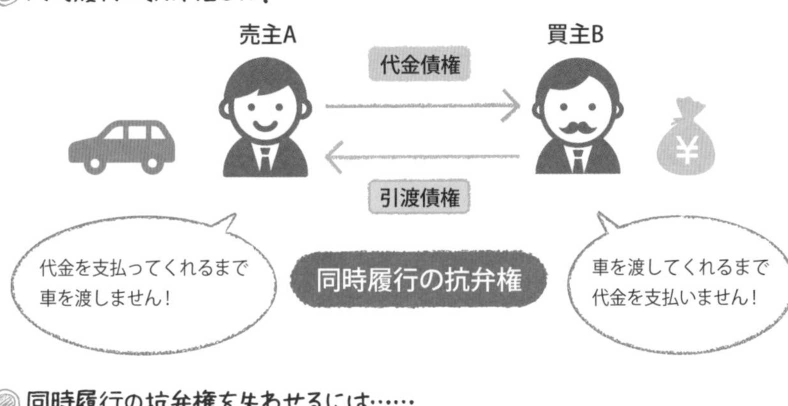

同時履行の抗弁権を失わせるには……

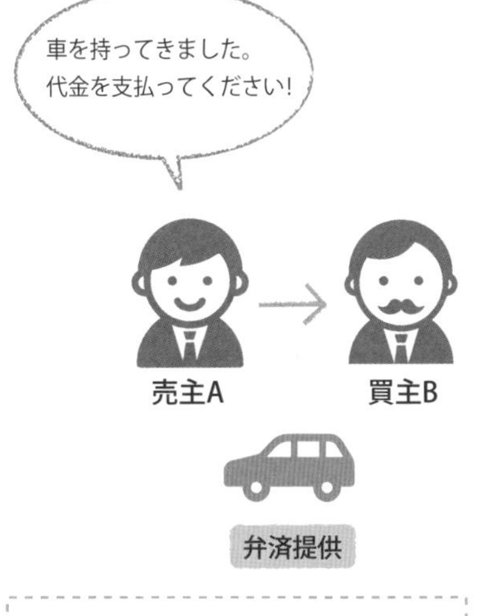

Bの同時履行の抗弁権は、失われる

Aの同時履行の抗弁権は、失われる

ワンポイント

不動産の売買契約での同時履行の抗弁権とは？

不動産の売買契約においては、売主の所有権移転登記への協力と買主の代金支払いが同時履行関係になります。つまり、売主は買主に対して「代金を払ってくれるまで、移転登記に協力しません！」と主張でき、一方の買主も「移転登記に協力してくれるまで、代金を支払いません！」と主張できるのです。

契約

債権・債務は弁済によって消滅する

弁済とは、債務者が「なすべきことをなす」ことです

売主Aと買主Bとの車の売買契約において、AがBに車を引き渡した場合、またはBがAに代金を支払った場合、それぞれの債務は消滅します。このように、債務の本旨（本来の趣旨）に従って債務の内容となる一定の給付を実現することを、**弁済**または**債務の履行**といいます。弁済により、**債務は消滅**することになります。

なお、弁済は通常、債務者が行いますが、債務者以外の第三者が弁済することも可能です。これを**第三者弁済**といい、たとえば、息子の借金を親が弁済するような場合です。

なお、弁済者が弁済したことを後で証明しやすいように、弁済の際に弁済者には、債権者に対して**受取証書**（領収書のこと）の交付を求める権利が認められています。これを、**受取証書交付請求権**といいます（民法486条）。

この受取証書の交付と、債務者の弁済とは同時履行の関係（68ページ参照）に立ちますので、債務者は「受取証書をもらえるまでは弁済しません！」と主張することができます。

弁済は債務者ひとりでは完結しない

弁済は債務者ひとりでは完結しません。たとえば上記の車の売買契約のケースでは、買主Bが売主Aの目の前に代金を差し出し、Aがこれを受領することによってBの弁済が完結します。このように債務者が、「後は債権者が受け取るだけ」という状態にすることを**弁済提供**といいます。また、このケースでは、売主Aの買主Bに対する引渡債務もありますが、この場合の弁済提供は、原則としてBの目の前にAが車を持っていくことになります。

この債務者の弁済提供と債権者の受領が合致し、弁済が成立するのです。

弁済の構造

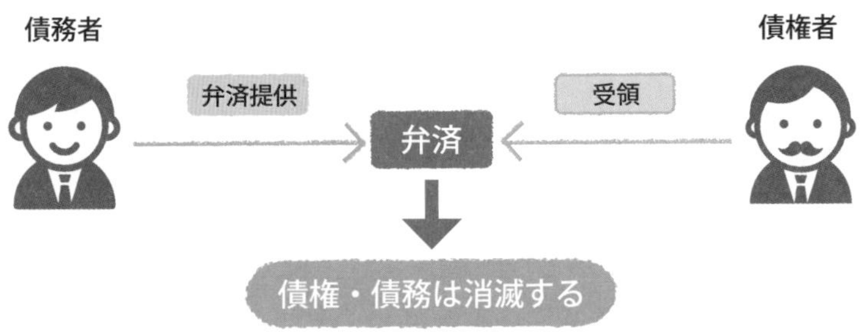

受取証書交付請求と弁済の同時履行

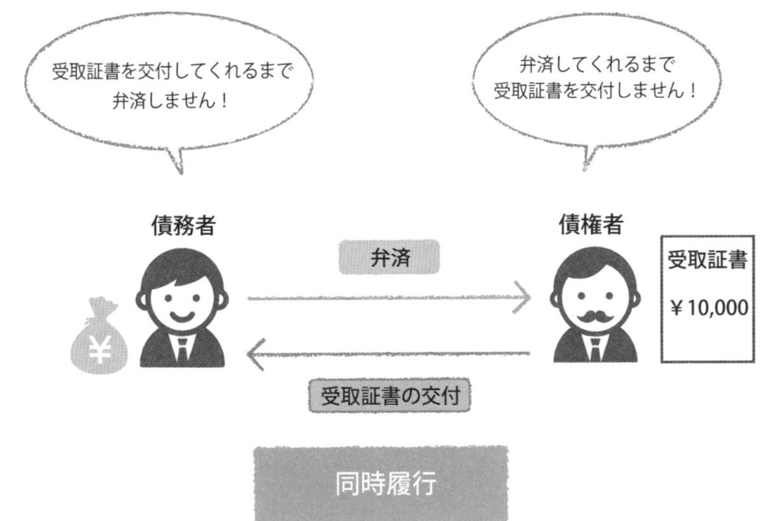

ワンポイント

債権者が取立てにくる場合は……

原則として、債務者は債権者の目の前に債権の目的物を差し出す必要がありますが、債権者が債務者の元まで取立てにくる約束になっている場合、債務者は必要な準備をし、それが完了している旨を債権者に通知し、受領を催促すればよいことになっています(民法493条ただし書)。

契約

債務不履行とは？

債務不履行とは、債務者が
「なすべきことをなさない」ことです

ＡとＢの間の建物の売買契約において、売主Ａが買主Ｂに建物を引き渡したにもかかわらず、ＢがＡに代金を支払わない場合、Ｂは自らの代金債務の履行をしていないことになります。このように債務者(この場合は買主Ｂ)が、なすべきことをなさないことを**債務不履行**といいます。

債務不履行は、弁済期が過ぎているのに債務者が弁済の提供をしない**履行遅滞**と、履行は一応なされたものの、それが債務の本旨に照らして不完全な場合の**不完全履行**、弁済期における債務の履行が社会通念上不可能となった場合の**履行不能**の３つに分類されます（民法415条１項本文、412条の２）。

たとえば、上記のケースで、売主Ａが建物の引渡し前に、不注意でその建物を焼失させてしまった場合、Ａの引渡債務は履行することが不可能になります。これは履行不能に当たります。

ちなみに、買主Ｂの代金債務は履行不能になることはありません。「金は天下のまわりもの」ですから、**「お金がなくて支払えない」は、履行が遅れる履行遅滞に当たり、履行不能とはならない**のです。

債務不履行の効果とは？

債務者が債務不履行に陥った場合、債権者は債務者に対して**損害賠償請求**をすることができます（民法415条１項本文）。たとえば、上記ケースのように売主Ａが建物の引渡し前に、不注意でその建物を焼失させたという場合(これを「Ａに**帰責性**(きせきせい)がある」といいます)、買主ＢはＡに対して、その建物の価値相当額分の損害賠償請求をすることができます。

なお、債務不履行が、契約その他の債務の発生原因および取引上の社会通念に照らして、債務者の責めに帰することができない事由によるものである場合、損害賠償請求ができません（民法415条１項本文ただし書)。

債務不履行の3つのケース

① 納車が送れた
履行遅滞

② 車に欠陥があった
不完全履行

③ 納車が不可能になった
履行不能

債務の本旨に従った履行をしないとき

買主Bは売主Aに**損害賠償請求**をすることができる

ただし、契約や取引上の社会通念に照らして、「債務者の責めに帰することができない事由」によるときは、損害賠償請求をすることができません

債務不履行による「損害賠償請求」

ワンポイント

損害賠償額の基準は？

損害賠償請求の金額は、たとえば上のケースであれば、焼失時における建物の時価が損害額となるので、その時価が契約時は1,000万円だったのが、契約後に上昇して1,500万円となった場合、この損害賠償額は1,500万円となります。

契約

保証契約とは？

債権者と保証人との契約であり、
主債務者は関与しません

担保は、**人的担保**と**物的担保**の２種類に分類されます（60ページ参照）。債権者が最終的に当てにしているものが**人の資力**（**財力**）である場合を、**人的担保**といいます。その代表例が**保証**です。これは、**保証契約により、いざというときには保証人に肩代わりしてもらおう、保証人に払ってもらおう**ということです。

たとえば、Aが甲銀行から1,000万円の借入れをしたとします。その場合、BがAの保証人になるためには、甲銀行とBの間で契約を締結する必要があります。この契約のことを**保証契約**と呼びます。

この保証契約の当事者は甲銀行と保証人Bであることに注意が必要です。主債務者Aは甲銀行との間で1,000万円の金銭消費貸借契約を締結していますが、保証契約には関与しません。よって、主債務者であるAからの委託がない場合であっても、あるいは主債務者Aの意思に反しても、Bは保証人になれます（民法462条）。

なお、主債務者からの委託がある場合の保証人を**受託保証人**といい、主債務者からの委託がない場合の保証人を**無受託保証人**といいます。

保証契約は書面でしなければ効力なし！

法律が要求する形式に従わないと不成立、または無効となる契約を**要式契約**といいますが、**保証契約は書面でしなければその効力を生じない**と規定されていることから、要式契約に当たります（民法446条２項）。

保証人は、自分の債務ではないにもかかわらず、返済の責任を負わされるという、非常に重い立場に立たされることになります。それゆえに、この規定によって、保証人になろうとする人の安易な契約締結を避けることを意図しているのです。

保証契約での当事者とは？

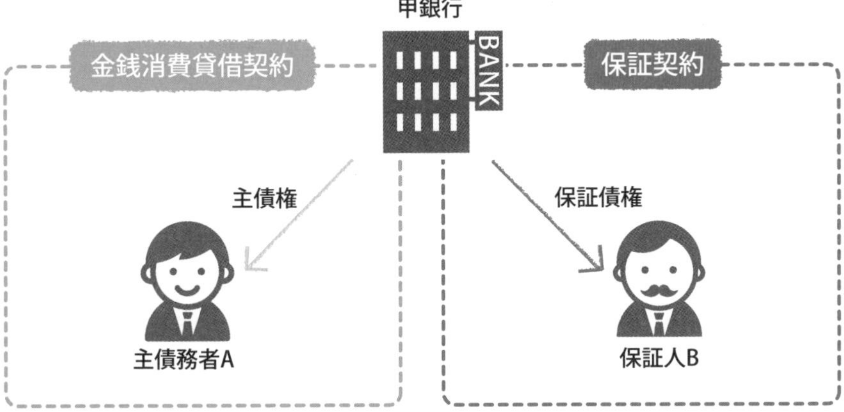

保証の付従性（ふじゅうせい）

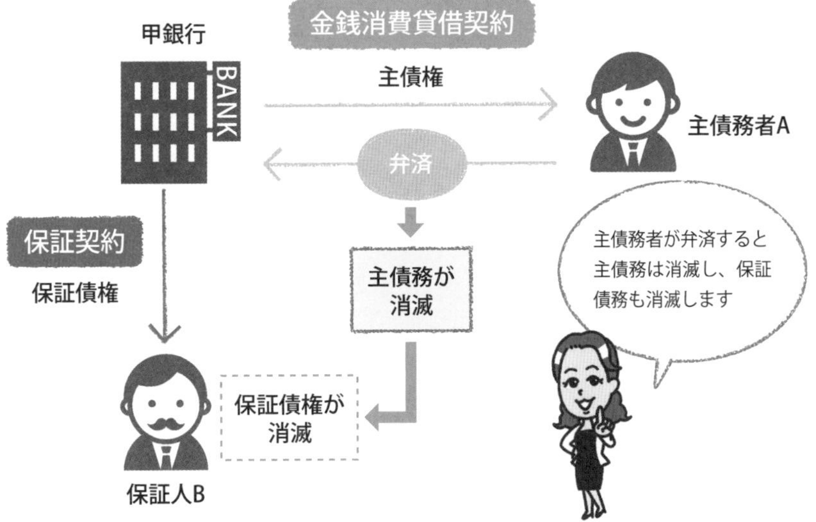

ワンポイント

保証の付従性（ふじゅうせい）とは？

保証債務は、あくまで主たる債務を担保することを目的として存在しているため、主たる債務に付き従う性質を持ちます（付従性）。そのため、たとえば主債務が弁済により消滅すれば、上の図のように保証債務も消滅することになります。

契約

23 債権譲渡とは？

債権も売り買いできます。買う場合は債権額の１割程度が割り引かれるのが一般的です

債権者Aが債務者Bに対して100万円の貸金債権を持っている場合、この債権をAはCに売却することができます。債権も不動産や動産と同じように売買の対象となるのです（民法466条1項）。これを**債権譲渡**といいます。

債権の売買の場合、債権譲受人であるCが支払う対価は、**債権額の1割程度を割り引いたものとなるのが一般的**です（この場合だと90万円ほど）。Bの弁済期が仮に半年後の場合、Aは半年後の100万円よりも、今90万円取得するほうを選んだことになり、Cは今90万円払って、半年後に100万円取得することを選んだということになります。債権者が今すぐにでも現金を必要とする場合などに債権譲渡の需要があります。

なお債権譲渡は売買契約と同様に、申込みと承諾の合致のみで成立する**諾成契約**（27ページ参照）です。

債権譲受人が、債務者に対抗するための要件とは？

上記の例で、債務者Bの立場はどうでしょうか。弁済期にいきなり見ず知らずのCから、「私に返済しろ」と言われても、「あなたは誰？　なぜあなたに返済するの？」となってしまいますね。そこで、債権譲受人Cが債務者Bに対して「私が債権を譲り受けたから、以後はAではなく私に返済してほしい」と主張するためには、**AからBへの通知**か、または**Bからの自発的な承諾**が要件となります（民法467条1項）。この通知は必ずAから行うことが必要です。Cからの通知では嘘を言う可能性があるからです。

なお、債権譲受人Cが債務者以外の第三者（たとえば、債権の二重譲渡がされた場合の第2譲受人）に対して、自分が譲受人だと主張するためには、**内容証明郵便などの確定日付が入った証書によって、AからBに通知**するか、**Bが承諾**しなければなりません（民法467条2項）。

債権譲渡の構造

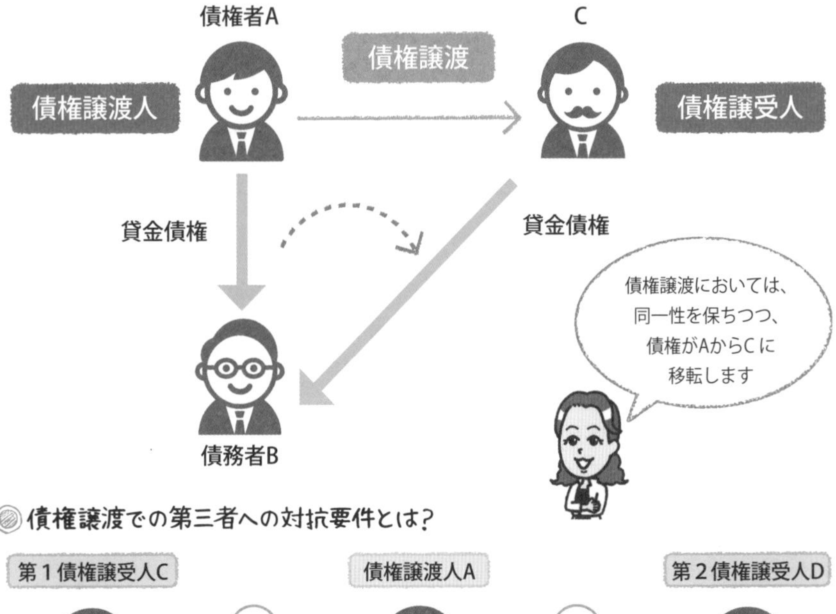

債権譲渡での第三者への対抗要件とは?

第1債権譲受人C
債権譲渡人A
第2債権譲受人D

②

9月25日
に債権譲渡

9月27日
に債権譲渡

10月4日
の確定日付
のある通知

貸金債権

10月1日
の確定日付
のある通知

10月5日
に通知到達

10月6日
に通知到達

【譲渡の日】
C: 9/25 ＞ D: 9/27
【確定日付】
C: 10/4 ＜ D: 10/1
【通知到達】
C: 10/5 ＞ D: 10/6

この場合、債務者Bに先に通知が到達したCが勝ちます

債務者B

ワンポイント

債権の二重譲渡での優劣の決め手は?

債権の二重譲渡では、債権譲受人相互が確定日付のある証書による通知・承諾を備えた場合、先に債務者に通知が到達した人、または債務者が先に承諾した人が優先します(到達時説)。

24 契約

消費貸借契約と賃貸借契約の違いとは？

どちらも「借りたら返す」は同じです。ただし、その内容と効果はかなり異なります

売買契約以外の代表的な契約に、**消費貸借契約**と**賃貸借契約**があります。

消費貸借契約とは、当事者の一方が、**相手方から金銭、その他の代替物を借り受け、のちにそれと種類、品質、数量の同じ物を返還することを約束する契約**です（民法587条）。それに対して賃貸借契約は、**当事者の一方がある物の使用および収益を相手方にさせることを約束し、相手方がこれに対してその賃料を支払うことを約束する契約**です（民法601条）。

賃貸借契約は借りた物「そのもの」を返す契約であるのに対し、消費貸借契約では、借りた物を消費した後に、同種・同量の物を用意して返します。たとえば、米や味噌、醤油などの貸し借りが当てはまります。そのうち、目的物が金銭の場合を、**金銭消費貸借契約**といいます。なお、消費貸借契約は無利息が原則ですが、特約があれば利息付きとすることができます（民法589条1項）。

2つの契約では、成立要件が異なる

賃貸借契約は売買契約同様、申込みと承諾の意思表示の合致で成立する**諾成契約**（27ページ参照）です。一方、消費貸借契約には、諾成契約の場合と、実際にお金などを借主に渡すことによって成立する**要物契約**（27ページ参照）の場合とがあります。

諾成契約の場合の消費貸借は、契約を**書面**でしなければなりません（民法587条の2）。これは、貸す債務を負う貸主の「貸す意思」と、借りたものを返済する債務を負う借主の「借りる意思」が、ともに書面に表れている（消費貸借の合意が書面化されている）ことが必要であるということです（要式契約）。一方、要物契約の場合の消費貸借は、契約を書面でする必要はありません。

要物契約の場合の消費貸借で発生する債権

弁済期を1年後として、100万円を利息年10％で貸し付けた場合

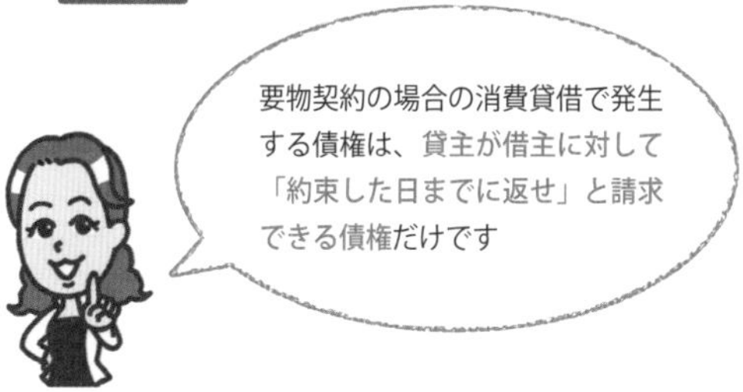

貸金債権

賃貸借契約で発生する債権

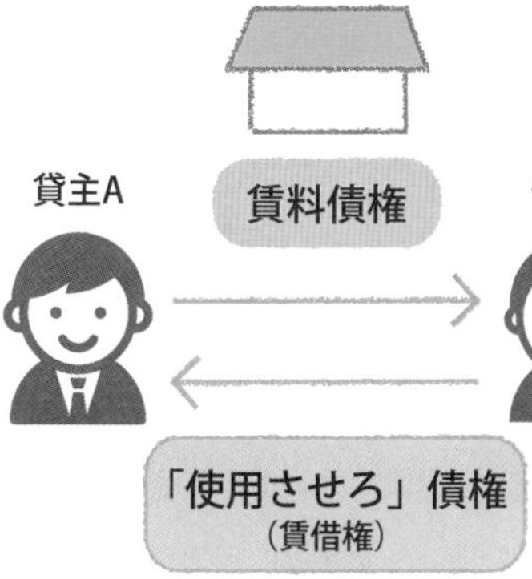

ワンポイント

要物契約の場合の消費貸借では、借主から貸主への債権は発生しません

要物契約の場合の消費貸借においては、借主Ｂから貸主Ａに対し、「貸してくれ」と請求する債権は発生しません。なぜなら、すでに100 万円はＢの手元に渡されているので、「お金を貸してくれ」と請求する債権を発生させる必要がないからです。

契約

25 請負契約と委任契約の違いとは？

請負契約は「仕事の完成」が目的ですが、委任契約は「仕事の完成」が目的ではありません

請負契約とは、当事者の一方（請負人）がある仕事を完成することを約束し、相手方（注文者）がその仕事の結果に対して報酬を支払うことを約束することによって効力を生ずる契約です（民法632条）。大工さんに家の新築工事を頼む契約が代表例です。

それに対して**委任契約**は、当事者の一方（委任者）が事務の処理を相手方（受任者）に委託し、相手方がこれを承諾することによって効力を生ずる契約です（民法643条、656条）。司法書士に登記申請を依頼する契約や、患者が医師の診察を受ける契約（これを「診療契約」ということもあります）が代表例です。

双方とも、相手（請負人・受任者）に何らかの行為を委託している点は共通ですが、**請負契約が仕事の完成を目的としている**のに対して、**委任契約は事務を委託するだけ**で、**仕事の完成を目的としていない**点で異なります。

報酬請求権の有無でも異なる

請負契約により、注文者は請負人に対し**仕事完成請求権**を取得し、請負人は注文者に対し**報酬請求権**を取得します。報酬についての特約がなくとも、請負人は当然に報酬を請求することができます。

一方、委任契約により、委任者は受任者に対して**事務処理請求権**を取得しますが、委任契約は無償契約（66ページ参照）のため、原則として、受任者は委任者に対して報酬請求権を取得しません（民法648条1項）。ただし、特約があれば、報酬を請求することができます。無報酬の会社役員のような一部の例外を除くと、実際に社会生活において問題となる委任は有償であることが多いです。

請負契約とは？

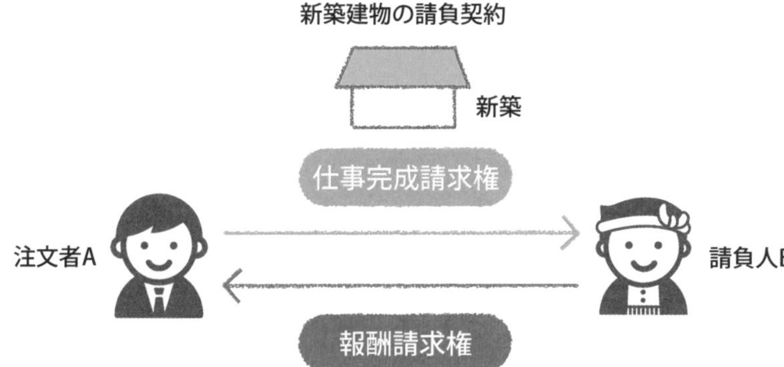

委任契約とは？

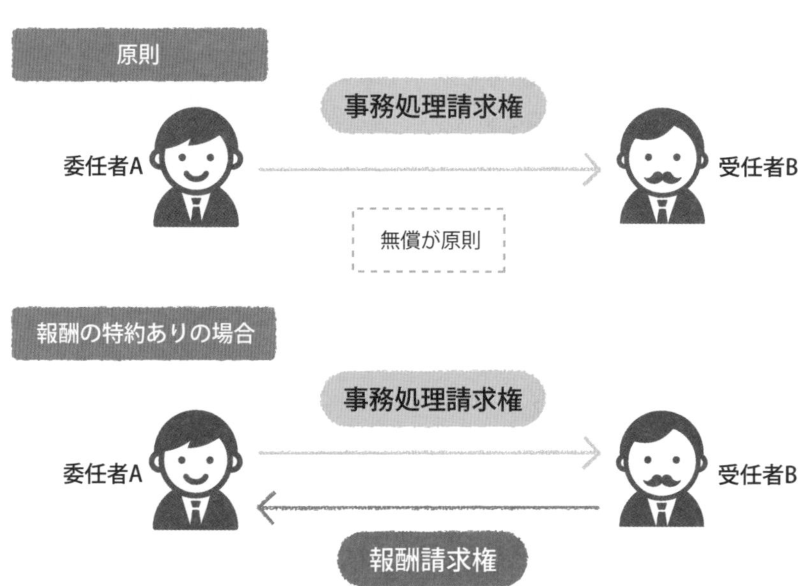

ワンポイント

請負契約での支払時期は、後払いが原則

請負契約での注文者の報酬支払時期は、後払いが原則です（民法633条）。一方、委任契約でも報酬の特約がある場合は、委任者は報酬支払いの義務を負いますが、その場合も後払いが原則です（民法648条1項・2項本文）。

契約

不法行為とは？

他人の権利や利益を侵害するのが不法行為です。被害者は加害者に損害賠償請求ができます

Aが、Bの運転する車にひかれてケガをしたとします。被害者のAは治療費として合計10万円を出費し、さらに治療期間中、アルバイトに行けなかったことにより、勤務していれば得られた給料10万円を取得することができませんでした。このとき、Aは、加害者のBに対してどのような主張をすることができるのでしょうか。

Bが運転中にAをひいてケガをさせてしまった今回の交通事故は、民法上、**不法行為**といいます。不法行為とは、**故意、または過失によって他人の権利、または法律上保護される利益を侵害する行為**のことです（民法709条）。

もらえなかった給料も請求できる？

不法行為により、損害を被った被害者は、加害者に対してその損害の賠償を請求することができます。では、上記のケースでは、被害者Aは加害者Bに対していくら損害賠償請求をすることができるのでしょうか。

損害は、財布を直撃する**財産的損害**と、精神的苦痛を与えられる**非財産的損害**に区別されます。財産的損害はさらに、実際に支出させられた積極的損害と、得られたはずの利益（逸失利益（いっしつりえき））の喪失である消極的損害に分けられます。

上記のケースにおいて、治療費の10万円は、財産的損害の**積極的損害**に当たり、得られたはずのアルバイトの給料10万円は**消極的損害**に当たります。また、事故により痛い思いをしたことは精神的苦痛に当たりますので、**非財産的損害**としてさらに何万円かの賠償を加算することができます（非財産的損害の賠償請求は**慰謝料（いしゃりょう）請求**と呼ばれます）。

つまり、被害者Aは加害者Bに対して、20万円＋αの賠償請求をすることができる、ということです。

不法行為による「損害」の具体例

場合	財産的損害	非財産的損害（精神的損害）
AがB所有の自動車を故意に破壊した場合 A（加害者）　破壊　B（被害者）	【滅失の場合】 ・その車の交換価値 【破損の場合】 ・修理代 ・修理期間中のレンタカー代など	苦痛
AがBの運転する車にひかれてケガをした場合 A（被害者）　ひかれる　B（加害者） ケガ	・治療代 ・事故がなければ得られたはずの利益（逸失利益） 【例】 入院して休職した場合、その間の収入	苦痛
AがBの運転する車にひかれて死亡した場合 A（被害者）　ひかれる　B（加害者） 死亡	・治療後に死亡した場合、その治療代 ・被害者の死亡当時の収入を基準に、昇給も考慮したうえで、就労可能年齢までの平均的な総収入を計算し、被害者の生活費を控除した額（逸失利益）	苦痛

不法行為の損害賠償請求権の消滅時効はどれくらい？

不法行為による損害賠償請求権の消滅時効は、損害および加害者を知ったときから３年(人の生命または身体を害する不法行為の場合には５年)、不法行為のときから 20 年です(民法 724 条、724 条の２)。

親族・相続

親族の範囲を知ろう

親族とは、６親等内の血族・配偶者と３親等内の姻族に属する人をいいます

普段私たちが何げなく使っている**親族**という言葉ですが、じつは、法律できちんと定義されています。民法725条では、親族を、**６親等内の血族・配偶者**と**３親等内の姻族**の範囲に属する人を指すと規定しています（右ページ参照）。ここでは、この親族についてもっと詳しく学びましょう。

血族・姻族・親等とは？

血族とは、自分と血縁関係にある人のことですが、その中には、実際に血のつながりのある、つまりDNA上の血縁である**自然血族**と、養子縁組によって血族の関係が擬制される**法定血族**があります。擬制というのは、「あるものとみなされる」ということです。

姻族とは、①**自分の配偶者の血族**、または②**自分の血族の配偶者**を指します。具体的に、①はいわゆる義理の両親や自分の配偶者の兄弟姉妹のことです。②は自分の兄弟姉妹の結婚相手や自分の親の再婚相手などを指します。

右ページの図において、自分の子どものところには①、孫のところには②、父母には①、祖父母には②と書いてありますが、この数字のことを**親等**といいます。配偶者と自分には親等は割り振られていません。親等は自分より世代が下がるごとに1を足していく、または上がるごとに1を足していく方法で計算します。

自分と兄弟姉妹は同じ世代なのになぜ②なのかというと、**同じ祖先まで遡って計算する**からです。

自分と兄弟姉妹の同じ祖先といえば父母ですから、父母まで遡るのにまずは1を足し、父母から兄弟姉妹は1世代下ですから、さらに1を足して「2親等」になるわけです。

親族の範囲

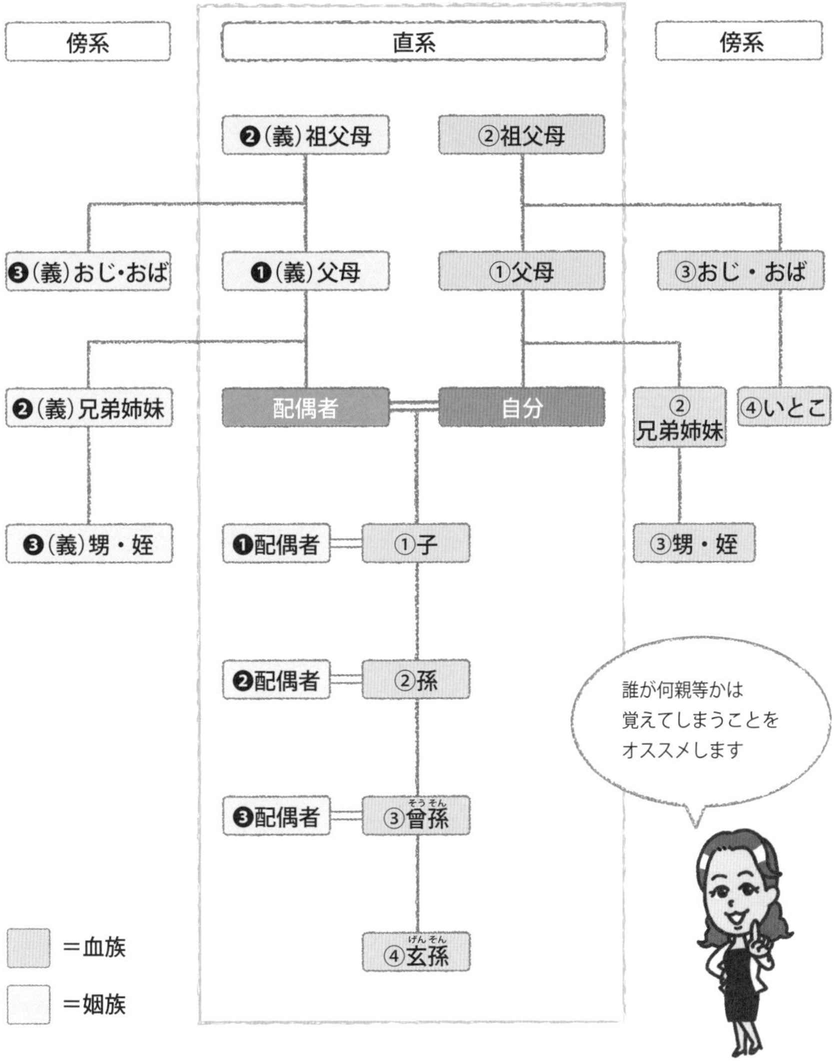

傍系 | 直系 | 傍系

❷(義)祖父母　②祖父母

❸(義)おじ・おば　❶(義)父母　①父母　③おじ・おば

❷(義)兄弟姉妹　配偶者 ＝ 自分　②兄弟姉妹　④いとこ

❸(義)甥・姪　❶配偶者 ＝ ①子　③甥・姪

❷配偶者 ＝ ②孫

❸配偶者 ＝ ③曾孫

④玄孫

＝血族

＝姻族

誰が何親等かは
覚えてしまうことを
オススメします

ワンポイント

尊属と卑属、直系と傍系の違いとは？

自分の世代より上の世代のことを「尊属」といい、自分の世代よりも下の世代を「卑属」といいます。さらに、自分と配偶者の縦のつながりを「直系」、それ以外の横のつながりを「傍系」といいます。

親族・相続

28 婚姻と内縁はどう違う？

婚姻の届出を欠くのが内縁です。内縁でも
婚姻に近い法的保護を与える流れになっています

婚姻や内縁という言葉は、誰しも一度は聞いたことがあると思います。ここでは、婚姻と内縁の違いについて法律的に見ていきましょう。

「内縁」とは事実上の夫婦

婚姻の成立には、男女双方の間で**婚姻意思**が合致していることに加えて、**婚姻の届出**が必要となります。婚姻意思というのは、夫婦として共同生活を送っていこうという意思のことです。

さらに、民法で規定されている**婚姻障害**（婚姻を妨げる事情のこと／右ページ参照）をクリアしている必要もあります。

内縁とは、**婚姻意思を持って共同生活を営みながら、婚姻の届出を欠くために、法律上は婚姻と認められない事実上の夫婦関係**をいいます。いわゆる「事実婚カップル」がこれに当たります。

婚姻届を出さず内縁を選ぶのには、さまざまな動機が考えられます。そのひとつに、「夫婦別姓」を望む場合があります。現在の日本では**夫婦同氏（どううじ）の原則**が採用されているため、どちらかが名前を変えるという不便を強いられるよりは、籍を入れず（婚姻の届出をせず）に内縁を選択するカップルもいるのです。

婚姻の規定のうち、内縁に準用されるもの・されないもの

内縁カップルは昔よりも確実に増えているといわれており、内縁についての判例の考え方では、**婚姻に準ずる関係（準婚関係）**と解釈しています。

そのため、婚姻の効果に関する民法の規定を、できるだけ内縁にも準用し（「使う」という意味です）、内縁のカップルにも婚姻に近い保護を与える流れになってきています。

民法に規定される「婚姻障害」

婚姻障害	内容	
婚姻適齢（民法731条）	満18歳	
重婚（民法732条）	配偶者のある者は、重ねて婚姻できない	
近親婚（民法734～736条）	血族間の婚姻の可否	直系血族間：×（親族関係終了後も同様）
		３親等内の傍系血族間は×（親族関係終了後も同様） ※ただし、養子と養方（養子から見て、その養親を通じての親族）の傍系血族間は○ ３親等超の傍系血族間は○
	姻族間の婚姻の可否	直系姻族間は×（姻族関係終了後も同様）
		傍系姻族間は○
	養子、その配偶者、直系卑属、その配偶者と養親、その直系尊属との間は、離縁による親族関係終了後も婚姻は× ※婚姻当事者の一方が養子もしくはその配偶者または養子の直系卑属もしくはその配偶者の場合、養親またはその直系尊属との間の婚姻は、離婚によって親族関係が終了（729条）した後も禁止されます（736条）。	

※令和６年４月１日施行

婚姻障害に関わる民法改正（再婚禁止期間の廃止）

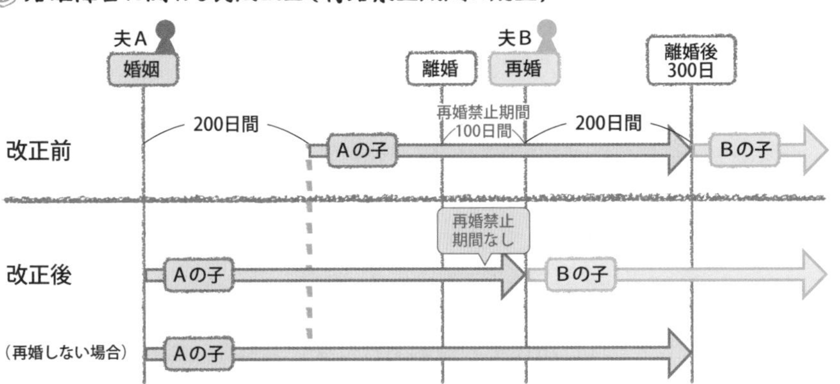

ワンポイント

婚姻成立のためには、３つの要件があります

婚姻が成立するためには、婚姻意思の合致、婚姻障害の不存在、婚姻届出の３つの要件が必要です。

29 親族・相続

嫡出子と非嫡出子はどう違う？

嫡出子となるには3つの条件が必要とされます

妻が婚姻中に懐胎した子は、その婚姻における夫の子であると嫡出子推定します（民法772条1項前段）。また、妻が婚姻前に懐胎した子であって、婚姻が成立した後に生まれた子も、夫の子と嫡出子推定します（民法772条1項後段）。婚姻の成立の日から200日以内に生まれた子は、婚姻前に懐胎したものと推定し、婚姻の成立の日から200日を経過した後または婚姻の解消もしくは取消しの日から300日以内に生まれた子は、婚姻中に懐胎したものと推定します（民法772条2項）。

令和6年4月1日改正前の嫡出推定規定では、離婚等の日から300日以内に前夫以外の者との間の子を出産した女性が、その子が前夫の子と扱われることを避けるために出生届の提出をためらう事態が生じており、それが無戸籍者の生じる一因であるとの指摘がありました。無戸籍者問題とは、子の出生の届出をすべき人が、何らかの理由によって出生の届出をしないために、戸籍に記載されない子が存在するという問題です。戸籍がないと、住民票やパスポートは原則つくられません（一定の要件を満たしていれば、つくられる場合があります）。また、資格取得に必要な戸籍の証明や、親の遺産を相続する場合に親子の証明ができないなどの問題があります。

DNA上の父子でも法律上の親子ではない!?

一方、非嫡出子とは、**法律上の婚姻関係にない男女を父母として生まれた子**のことをいいます。非嫡出子と父との関係は、**認知**によって発生します（民法779条）。そのため、たとえ生物学上の血のつながりがあっても、非嫡出子は父親に認知されなければ、法律上、父がいない子として取り扱われることになります。なお、非嫡出子と母との関係は、原則として認知を待たずに、出産の事実によって当然に発生する、とされています。

「推定を受ける嫡出子」の定義

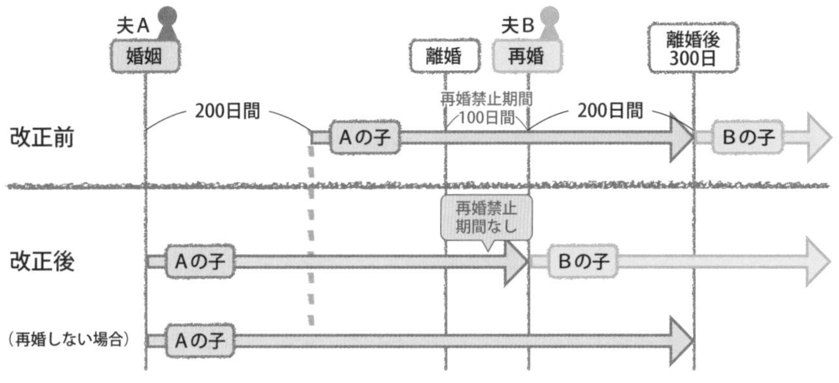

婚姻準正による「嫡出子」の身分取得

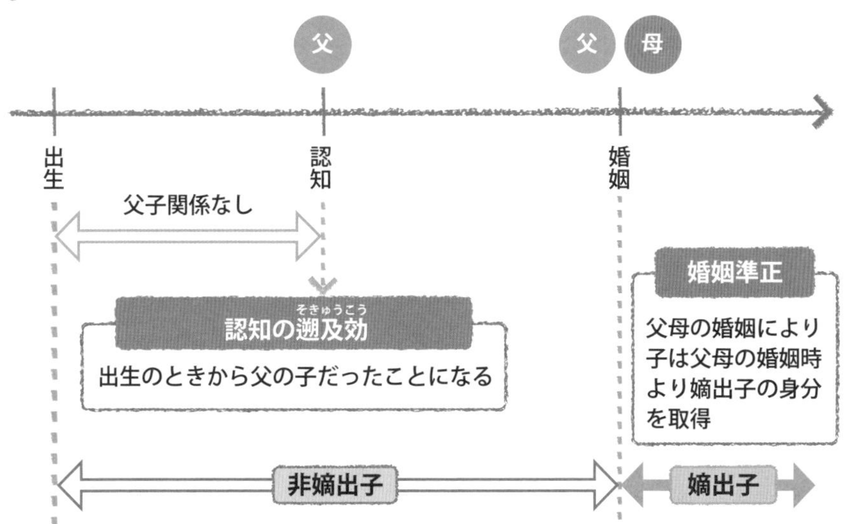

ワンポイント

非嫡出子は一定の要件で嫡出子となります

非嫡出子は、固定される身分ではなく、一定の要件を満たすと嫡出子とされることになります。たとえば、上の図のように、子の認知後に父母が婚姻した場合、子は父母の婚姻時から嫡出子としての身分を取得することになります（民法789条1項）。これを「婚姻準正（こんいんじゅんせい）」といいます。

親族・相続

30 養子縁組によって生じる変化とは？

養子は養親の嫡出子となり、養親の血族との間にも血族関係が生じます

代々続く店を経営しているAさん（50歳）には子どもがおらず、自分の代で店を途絶えさせてしまうのは避けたいと思っていたとします。そこで、店の従業員で働きぶりのよいBさん（19歳）を跡継ぎにしようと、養子縁組をすることにしました。

このときAとBにはどのような手続きが必要で、また養子縁組によりどのような変化が生じるのでしょうか。

養子縁組の手続きと効果

養子となるBが**15歳以上**であれば、親権者の同意なく、養子縁組ができます。養子が未成年者である場合は、人身売買的な養子縁組を防止するため**家庭裁判所の許可**が必要です（民法798条本文）。

養子縁組は本人たちの意思のみでは成立せず、**養子縁組の届出**によって効力を生じます（民法799条、739条）。

養子縁組が成立すると、養子は養親の**嫡出子**の身分を取得し、養親の血族との間においても、養子縁組の日から血族関係で結ばれることになります。

なお、**養親の親族に組み入れられるのは養子だけ**のため、養子の血族と養親およびその血族との間には親族関係を生じません。一方、**養子とその実方（じつかた）（養子から見て、DNA上の血縁である自然血族の関係にある親族のこと）の親族との間の親族関係は、縁組後も引き続き存続**することになります。

また、「氏」については、原則として養子は養親の氏を称することになります（民法810条本文）。

さらに、養子が未成年者の場合は、実の親の親権は消滅し、養親の親権に服することになります（民法818条2項）。

養子縁組による親族関係の変化

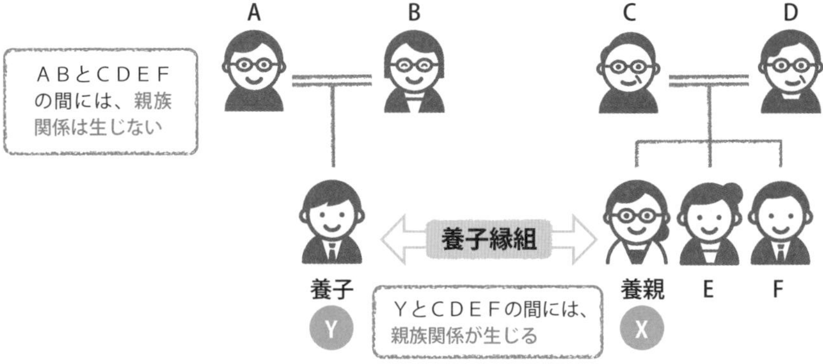

養親と養子の子の関係は？

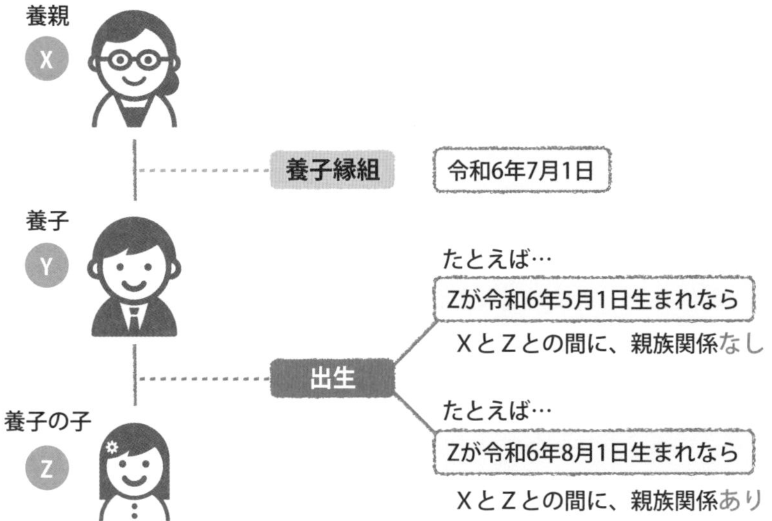

ワンポイント

養子の子は、養子縁組前に生まれたか否かで養親との関係が異なります

縁組前に生まれた養子の子の場合、養親およびその血族との間に親族関係は生じませんが、縁組後に生まれた養子の子の場合、親族関係が生じます（上図参照）。

31 親族・相続

誰がどのような割合で相続するのか？

配偶者はつねに相続人となり、子がいれば、配偶者と子は２分の１ずつ相続します

人が亡くなると、**相続**が開始します（民法 882 条）。亡くなった人のことを**被相続人**といい、相続とは、この被相続人が持っていたすべての財産が**相続人**に承継されることをいいます（民法 896 条本文）。

すべての財産には、銀行に対する預金債権や不動産の所有権のような権利だけでなく、借金のような義務も含みます。権利だけを承継することはできず、原則として**権利と義務はセットで相続人に承継**されます。では、誰が相続人で、相続財産をどのような割合で承継するのかを学んでいきましょう。

親族の有無によって変わる相続人

被相続人に配偶者がいる場合、その**配偶者はつねに相続人**になります（民法 890 条前文）。

次に、配偶者と一緒に相続人となる者として、**①子**、**②直系尊属（親など）**、**③兄弟姉妹**が挙げられます（民法 887 条 1 項・889 条 1 項）。

①～③には優先順位があり、①が存在する場合には②③は相続人となることはできず、①が存在しなくても②が存在する場合には、③は相続人となることができません（民法 889 条 1 項）。

つまり、子どもがいたら、親や兄弟姉妹は相続人とならず、子どもがいないときに初めて親が相続人となります。子どもがおらず、親もいないときに初めて兄弟姉妹が相続人となるのです。

相続人の組合わせで変わる相続分

では、それぞれの相続人の間での相続の割合（**相続分**といいます）は、どうなっているのでしょうか。相続分は、相続人の組合わせによって、右ページのような比率となります。

親族の有無により異なる相続人と相続分

優先1 子がいる場合

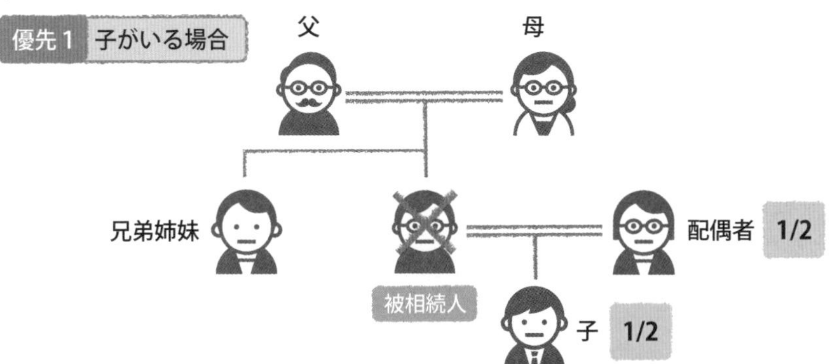

優先2 子がおらず、直系尊属がいる場合

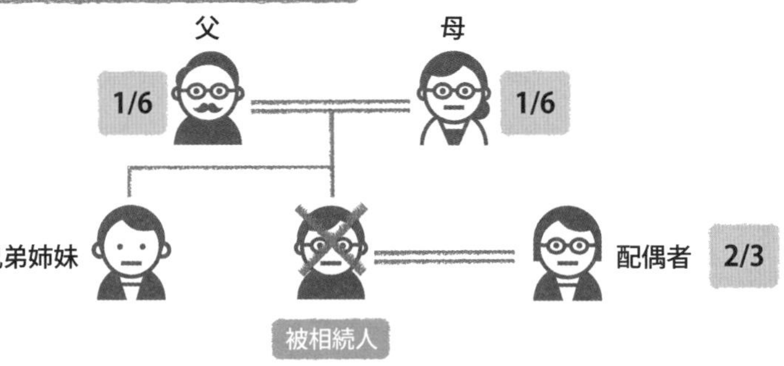

優先3 子も直系尊属もおらず、兄弟姉妹がいる場合

ワンポイント

嫡出子と非嫡出子の相続分は平等です

かつて、嫡出子は非嫡出子の2倍多く相続できるとされていました。ところが、平成25年の最高裁大法廷決定で、非嫡出子の相続分を嫡出子の相続分の2分の1と規定する民法900条4項ただし書は、憲法14条1項で禁止される「差別」に当たるとして廃止されました。そのため現在、子の相続分は平等となっています。

親族・相続

遺産分割とは?

**相続人の話し合いによって
遺産の分配を決めるのが遺産分割です**

Ａさんが亡くなり、その息子のＢさんとＣさんが遺産を相続したとします。Ａの遺産が、時価1,000万円相当の甲土地と銀行預金1,000万円である場合、ＢとＣの相続分は各２分の１ですから、甲土地と銀行預金をＢとＣがただちに単独で所有することになるのでしょうか。

この場合、遺産の価格比がちょうど１：１であり、相続人の相続分の割合も１：１であったとしても、**遺産分割をするまでは、遺産のすべてはＢとＣの２人の共有**となります。つまり、甲土地と銀行預金はＢとＣが２分の１の割合で共有していることになるのです。

この共有関係を解消する手続きが**遺産分割**です。なお、遺産分割は、被相続人Ａの死後何年後に行ってもかまいません。

ＢとＣとの間で**遺産分割協議**をすることにより、たとえば「甲土地はＢが、銀行預金はＣが取得する」「遺産すべてを現金化して、現金を山分けする」「Ｂが遺産のすべてを取得して、Ｃに1,000万円を支払う」といった結論を出すことになります。

なお、遺産分割の協議が調わないとき、または協議をすることができないときは、それぞれの相続人は**家庭裁判所に分割を請求**することができます(民法907条２項)。

10年後に遺産分割しても、その効果はＡ死亡時に遡る

上記の例で、たとえばＡの死後10年後に遺産分割協議をして、甲土地はＢのもの、銀行預金はＣのものとする旨を決定したとします。その場合であっても、**遺産分割の効果はＡの死亡時に遡って生じる**と規定されています（民法909条本文)。そのため、Ａ死亡時から、甲土地はＢだけが取得し、銀行預金はＣだけが取得していたことになります。

遺産分割の流れ

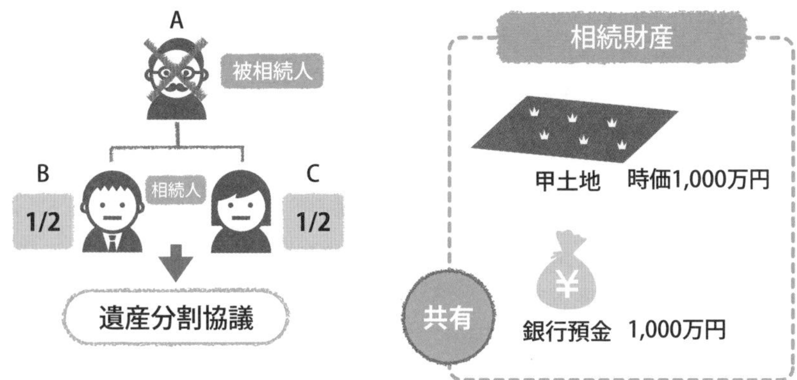

遺産分割協議書

令和５年６月１日東京都豊島区東池袋三丁目３番205号Ａの死亡によって開始した相続について、共同相続人であるＢ・Ｃの２名は、その相続財産について、次の通り、遺産分割協議を行う。

一、相続財産のうち、下記物件の権利については、Ｂの所有とする。

一、乙銀行に対する銀行預金金1,000万円は、Ｃが取得するものとする。

記

不動産の表示

東京都豊島区東池袋三丁目３番の土地

上記協議成立の証として、本書２通を作成し、各自署名押印の上、各１通ずつ保有する。

令和６年７月１５日

豊島区東池袋三丁目３番205号　Ｂ　㊞

豊島区東池袋三丁目３番205号　Ｃ　㊞

このように遺産分割協議が成立すると、相続開始時から当該土地は、Ｂの単独所有だったことになります

ワンポイント

遺産分割協議は、共同相続人の全員参加が必須です

遺産分割協議には、共同相続人（上図ではBC）全員が参加しなければならず、一部の相続人を除外して行った協議は無効となります。そして、除外された相続人は、ほかの相続人に対して再分割の請求ができます。

33

親族・相続

「争続」を防ぐ有効な手段となる遺言

遺言者の意思をしっかり担保するために遺言には一定の形式が厳格に求められます

遺言（いごん）とは、**自分の死亡後の法律関係を定めるために行う意思表示**です。遺言によって、自分の死後の財産処分等を自分の自由な意思に委ねることができます。

なお、遺言書が死後だいぶ経ってから発見された場合であっても、**遺言の効力は、遺言者の死亡のときから生ずる**ことになります（民法985条1項）。

遺言は、契約などのように相対立する２人以上の意思表示の合致によって成立するものではなく、遺言をする人の意思表示によって実現する行為です。そして遺言は、厳格な**要式行為**（一定の形式が必要になる行為のこと）とされています。厳格な要式行為とされる理由は、遺言の効力が生じるのは、遺言者が死亡した後だからです。実際に効力が生じたときには、遺言者は亡くなっているわけですから、もはや本当の意思を確認することができません。遺言を作成する段階で厳格な決まりごとを設けて、それをきっちり守らせることにより、遺言者の意思がしっかりそこに表れていることを担保していこうということです。

自筆証書遺言は、手書き以外はNG！

代表的な遺言の種類として、**自筆証書遺言**（じひつしょうしょ）があります。この遺言が、いちばん簡単かつ多くの人に利用されているといっていいでしょう。

これはその名の通り、**遺言者本人の手書きで作成した遺言**です。遺言者が遺言書の全文（財産目録を除く）、日付および氏名を手書きし、これに押印することによって成立します（民法968条1項）。

財産目録以外は必ず自分で書かなければならず、パソコンで作成してプリンターで印字することは認められません。これは、死後に筆跡の確認をするためです。当然、他人に代筆させた遺言も無効です。

自筆証言遺言のイメージ

遺　言　書

私は次のとおり遺言する。

1. 遺言者は以下の者を認知する。
東京都港区三田三丁目5番1号
甲　野　花　子
昭和50年10月7日生

2. 東京都港区三田一丁目100番の土地を
甲野花子に遺贈する。

3. 遺言執行者として下記の者を指名する。
東京都港区三田一丁目1番1号
乙　野　一　平

令和5年5月1日
遺言者　中　井　太　郎　（中井）

遺言を撤回する場合

第一の遺言

遺言書

甲建物をAに
遺贈する。

令和5年1月1日
○○　（印）

第一の遺言を撤回

第二の遺言

遺言書

甲建物をAに
遺贈するのをやめる。

令和6年1月1日
○○　（印）

ワンポイント

遺言の執行には、遺言執行者を選任します

遺言は、一般に相続人に重大な利害関係を生じさせるため、遺言の執行は相続人間での感情の対立を生み、争いを引き起こすことにつながりかねません。そこで、遺言の執行には、遺言執行者を選任し、さまざまな届出や手続きをお願いするのが賢明な方法といえます。

34

親族・相続

遺留分とはどのような制度か？

「財産の自由処分」と「相続人の保護」の2つの調和を図るための制度です

人は、自分の財産を生きている間はもちろんのこと（生前処分）、遺言によって死後も自由に処分できる（死後処分）のが建前です。しかし、たとえば生前に全財産を愛人に贈与して、配偶者や子などの相続人には1円も相続させないとしたら、相続人の生活はいったいどうなるのでしょうか。

また、父が死亡し3人の子が相続人となっている場合で、父が長男を溺愛し、この長男にだけ全財産を遺贈し、ほかの2人の子には何も与えないというのでは、公平さを欠く結果となってしまいます。

相続人の生活保障や、共同相続人の公平な財産相続を図るためには、遺産の一部を相続人に最低限残しておく必要があります。

そこで、私的自治の原則（66ページ参照）に基づく**財産の自由処分**と**相続人の保護**という2つの要請を調和するために設けられたのが、**遺留分**（いりゅうぶん）という制度です。遺留分とは、**相続人が、相続財産のうち最低限これだけは残しておいてもらえる部分**のことです。

遺留分権利者と遺留分の割合

遺留分権利者とは、遺留分を持つ相続人のことで、**①子、②直系尊属、③配偶者**です（民法1042条1項）。遺留分の割合は、直系尊属のみが相続人の場合は、被相続人の財産の**3分の1**（民法1042条1項1号）、その他の場合は、被相続人の財産の**2分の1**となります（民法1042条1項2号）。

もし、被相続人が全財産を遺留分権利者以外に遺贈したことなどにより、遺留分権利者が遺留分に相当する財産を取得できなかった場合は、受遺者（遺言によって遺贈を受けることになる人）等に対し、遺留分侵害額に相当する金銭の支払いを請求できます（民法1046条1項）。これを**遺留分侵害額請求権**といいます。

それぞれの遺留分はどれくらい？

遺留分を算定するための被相続人Xの財産が、300万円のケース

直系卑属（子や孫など）のみが相続人の場合

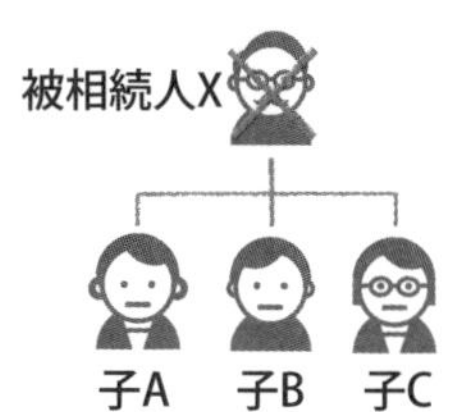

子であるABCの遺留分率	1/2
ABC３人の遺留分の合計金額	300万円×1/2＝150万円 遺留分率
子Aの遺留分の金額	150万円×1/3＝50万円 Aの相続分

直系卑属（子や孫など）と配偶者が相続人の場合

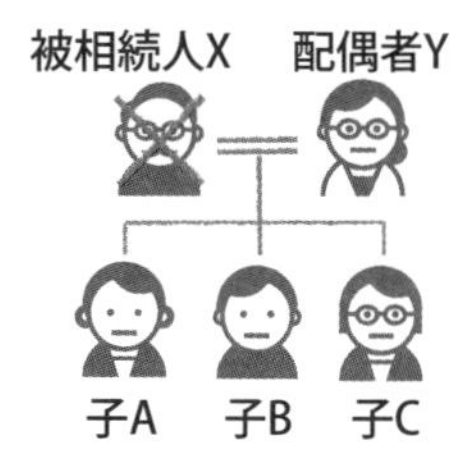

配偶者Yと 子であるABCの遺留分率	配偶者：1/2 、子：1/2
YABC４人の遺留分の合計金額	300万円×1/2＝150万円 遺留分率
配偶者Yの遺留分の金額	150万円×1/2＝75万円 Yの相続分
子Aの遺留分の金額	150万円×1/6＝25万円 Aの相続分

直系尊属（父母、祖父母など）のみが相続人の場合

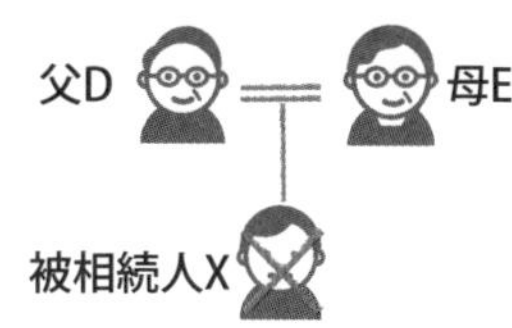

親であるDEの遺留分率	1/3
DE２人の遺留分の合計金額	300万円×1/3＝100万円 遺留分率
父Dの遺留分の金額	100万円×1/2＝50万円 Dの相続分

ワンポイント

遺留分侵害額請求権には、消滅時効があります

遺留分侵害額請求権の消滅時効は、①遺留分権利者が、相続の開始および遺留分を侵害する贈与または遺贈があったことを知ったときから１年（民法 1048 条前段）、②相続開始のときから 10 年（民法 1048 条後段）となります。

就職活動にも役立つ「司法書士」の資格

私は文学部東洋史学科に在籍していた大学２年生の春に、大学生協に置かれたLECのパンフレットで司法書士のことを初めて知りました。そのとき、私が目を奪われたのが、司法書士業務のひとつである「渉外登記業務」という言葉でした。

当時、私は中国語を学習し、中国近現代史専攻のゼミを希望していましたが、同専攻の先輩方が、大学で学んだことを就職先で生かすことができないという話をよく耳にしていました。そして、そのパンフレットには、日本で暮らす外国人や外国企業が不動産を購入したり、相続や合併が生じたりした際に、司法書士が不動産登記法や商業登記法に基づいて、これらの方々をサポートすることができるとあり、司法書士資格にプラスして外国語を話すことができれば、活躍の幅がさらに広がると書かれていました。

大学の学部を決定するにあたり、法学部と文学部のどちらにするか迷ったこともあり、もともと法律には興味がありました。そのため、このパンフレットを見たことをきっかけに、その日のうちに司法書士試験の受験を決意。ただちに親を説得して、LECの門をたたいたのです。

大学２年生の春からLECの15カ月合格コースを受講した私は、大学３年生の秋に１回目の受験で司法書士試験に最年少合格（当時20歳）。４年生のときから、司法書士事務所で働き、大学在学中からさまざまな経験を積むことができました。その後の就職活動では銀行などのほか数社をまわり、いずれも司法書士の資格保有を理由に内定を得ることができました。そのうち大手銀行の内定は、法律系資格を保有する学生のみを対象とした法務部限定採用試験での合格によるものでした。

このように司法書士資格を取得することは、就職活動においても、その可能性を大きく広げてくれるのです。

第2章

不動産登記法

不動産登記申請

不動産の登記記録への記載事項とは？

登記記録は、「表示」を記録する表題部と「権利」を記録する権利部とに分かれます

1つの不動産ごとに1つの登記記録が存在するという原則を**一不動産一登記主義**といいます。そして、多数の登記記録を集合的に記録した磁気ディスクのことを**登記簿**といい、登記簿は、その不動産を管轄する法務局に存在します（不動産登記法上、法務局のことを**登記所**（とうきしょ）といいます）。

登記記録は、不動産の表示に関する事項を記録する①**表題部**（ひょうだいぶ）と、権利に関する事項を記録する②**権利部**に分かれ、②はさらに、権利のうち所有権に関する事項を記録する**甲区**と、所有権以外の権利に関する事項を記録する**乙区**に分かれます（51 ページ参照）。

①の登記を**表示の登記**といい、②の登記を**権利の登記**といいます。不動産の表示では、土地については所在、地番、地目、地積で特定され、建物については所在、家屋番号、種類、構造、床面積で特定されます。

権利部の乙区に登記できる「所有権以外の権利」とは、担保物権では（根）抵当権、質権、先取特権、用益権では地上権、地役権、永小作権、採石権、賃借権、配偶者居住権です。

では、この登記記録は誰でもその写しを取得することができるのでしょうか。登記記録の写しであって、登記官が「登記記録の写しに相違ない」旨を証明したものを**登記事項証明書**といいますが、これは誰でも手数料を支払って取得することができます。

登記をすることで、第三者に対抗できる

登記の効力の中で重要なものは**対抗力**です。対抗力とは、**不動産に関する物権の得喪・変更は、登記をしなければ第三者に対抗できない**（民法 177 条）という効力のことです（48 ページ参照）。この対抗力の発生時期は登記を実行するときで、対抗力の優劣は受付番号順で定まります。

登記記録の構成

- 不動産の登記記録
  - 表題部：不動産の **表示** に関する事項を記録
    - 表示の特定
      - 土地：所在、地番、地目、地積
      - 建物：所在、家屋番号、種類、構造、床面積
  - 権利部：不動産の **権利** に関する事項を記録
    - 甲区：**所有権** に関する事項を記録
    - 乙区：**所有権 以外の権利** に関する事項を記録

司法書士は、「権利部」の登記申請についての代理権があります

所有権以外の権利とは

- 担保物権 【例】（根）抵当権、質権、先取特権
- 用益権 【例】地上権、地役権、永小作権、採石権、賃借権、配偶者居住権

ワンポイント

登記事項証明書の手数料は？

法務局などの窓口において「登記事項証明書交付申請用紙」に必要事項を記入して取得する場合は、600 円分の収入印紙が必要となります。一方、オンラインで請求して、申請時に紙媒体の登記事項証明書を指定した法務局の窓口で受け取る場合は、インターネットバンキングなどで、480 円の手数料が必要となります。

不動産登記申請

不動産登記申請の方法は？

申請方法には
「オンライン申請」と「書面申請」の２つがあります

登記申請の方法は、大きく分けて①オンライン申請と②書面申請に分かれます。①は、**完全オンライン申請**のほか、申請情報と登記識別情報、登記原因証明情報をオンラインで送信し、後日、その他の添付情報を記載した書面を提出する**半ライン申請**（特例方式）と呼ばれる申請方式もあります。

また、②には、当事者または代理人が法務局に出頭して申請する**出頭申請**と**郵送申請**とがあります。

登記申請情報の記載事項

申請情報には、登記の目的、登記の原因およびその日付、申請人の氏名・住所、添付情報の表示、登記識別情報を提供することができない理由、登記識別情報の通知を希望しない旨、申請年月日・管轄登記所、代理人の住所・記名・押印・連絡先、課税価格、登録免許税、不動産の表示を記載します。

登記の目的とは、「所有権移転」「抵当権設定」など、どのような権利について、どのような登記をするかということです。

登記の原因およびその日付とは、**物権変動の原因**のことで、たとえば令和６年４月20日の売買契約により所有権が移転したのであれば、「令和６年４月20日売買」と記載します。

申請人とは、原則として**登記権利者**および**登記義務者**のことをいい、申請情報には単に「権利者」「義務者」と書けば足ります。申請人が法人である場合には、法人の代表者の資格および氏名、会社法人等番号を有する法人であればさらに会社法人等番号を記載しなければなりません。

課税価格とは、固定資産税課税台帳に登録された価格を指し、売買代金の金額ではないことに注意が必要です。

登記申請情報の記載例（書面申請の場合）

「所有権移転」「抵当権設定」など、どのような権利を、どのように登記するかを記す

申請人のこと

申請人が法人の場合、法人の代表者の資格および氏名と、会社法人等番号がある場合は、それも記載する

登　記　申　請　書

登記の目的　　所有権移転

原　　因　　令和6年4月20日売買

権 利 者　　東京都新宿区新宿一丁目１番１号　　乙野　二郎
義 務 者　　東京都千代田区神田三崎町一丁目１番１号　甲野　一郎

添付情報　　登記原因証明情報　登記識別情報
住所証明情報　印鑑証明書　代理権限証明情報

添付する書類について記す

登記識別情報（登記済証）を提供することができない理由

□不通知　□失効　□失念　□その他（　　　　　　）

□ 登記識別情報の通知を希望しません。

令和6年4月20日申請　さいたま地方法務局 上尾出張所御中

代 理 人　　東京都豊島区池袋一丁目２番101号　（司法）
司法書士　司 法 太 郎
連絡先の電話番号　○○−○○○○−○○○○

代理人である司法書士が押印する

課税価格　　金3,000万円

登録免許税　　金60万円

不動産の表示　　所　　在　上尾市大字西門前
地　　番　753番１
地　　目　宅　地
地　　積　100.00平方メートル

ワンポイント

登記申請書の「登録免許税」はいくら？

売買による所有権移転登記申請での「課税価格」は、不動産の固定資産税評価額となります（1,000円未満は切捨て）。その金額に20/1,000を掛けて、100円未満を切り捨てた金額が「登録免許税」となります。その最低額は1,000円です。

不動産登記申請

不動産登記申請の「基本原則」とは？

共同申請主義、登記の連続性の原則、添付情報法定主義などがあります

不動産登記申請にはいくつかの原則がありますが、そのひとつが**共同申請主義**です。これは、**登記の申請は、登記権利者および登記義務者が共同で行う**という原則です（不動産登記法〈以下、不登〉60条)。**登記権利者**とは、**登記上、形式的に利益を受ける人**をいい（不登2条12号)、**登記義務者**とは、**登記上、形式的に不利益を受ける人**をいいます（不登2条13号)。売買による所有権移転登記の場合、買主が登記権利者、売主は登記義務者です。

共同申請主義は、登記により不利益を受ける当事者（とくに登記義務者）を、登記手続きに関与させることで、不真正な登記の発生を防止することを目的としています。

登記の連続性がないと、申請しても却下される？

登記の連続性の原則とは、**登記義務者は登記記録上、権利の登記がされている登記名義人でなければならない**という原則です。

たとえば、ある土地の所有権登記名義人が甲野花子であり、その人が婚姻により乙野花子に名前が変わり、その後、その土地を丙野一郎に売却したとします。この場合、登記申請情報での記載において、登記権利者を丙野一郎、登記義務者を乙野花子として登記申請すると、登記は却下されてしまいます。なぜなら、申請情報の登記義務者（乙野花子）と登記名義人（甲野花子）とが一致せず、登記の連続性の原則に違反するからです。

この場合、まず甲野花子が乙野花子に変更した旨の**登記名義人表示変更登記**を申請し、そのうえで、丙野一郎への所有権移転登記を申請することになります（142ページ参照)。

その他、**添付情報法定主義**という原則もあります。これは、**添付情報は、法令で定められたものだけを提供すればよい**という原則のことです。

不動産登記申請の基本原則

基本原則	内容
共同申請主義（不登60条）	登記の申請は、登記権利者および登記義務者が共同して行うという原則 【例】売買による所有権移転登記 買主➡登記権利者　売主➡登記義務者
登記の連続性の原則	登記義務者は、登記記録上、権利の登記がされている登記名義人でなければならないという原則（下図参照）
添付情報法定主義	添付情報は、法令で定められたものだけを提供すればよいという原則
形式的審査主義	登記官は、原則として登記記録と申請情報および添付情報からしか判断することはできないという原則

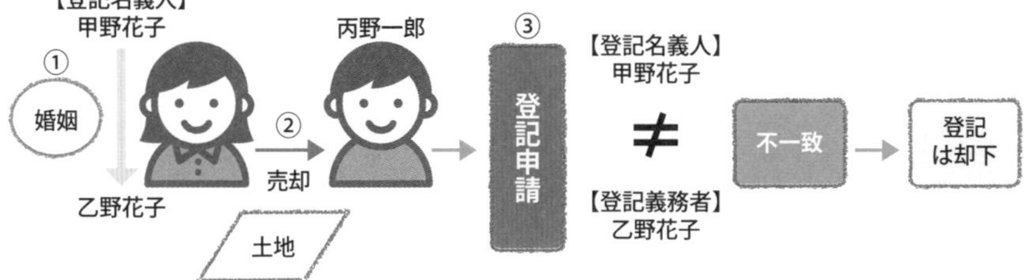

ワンポイント

登記申請での「形式的審査主義」とは？

登記申請が手続的要件を満たしている場合、登記官は、たとえ実体が無効であることを知っていたとしても、受理しなければなりません。逆に、登記申請が手続的要件を満たしていない場合(たとえば、添付情報の不備など)、登記官は、たとえ実体が有効であることを知っていたとしても、受理することはできません。これを「形式的審査主義」といいます。

所有権に関する登記

所有権保存登記とは？

新築建物など所有権の登記のない不動産に初めて行われる所有権の登記のことです

所有権保存登記とは、所有権の登記がされていない不動産に対して初めてなされる所有権の登記のことです。建物を新築した場合、まずは**表示の登記**を申請し（表示の登記の申請は、土地家屋調査士に代理権があります）、その後に**所有権保存登記申請**をすることになります（こちらは司法書士の業務になります）。

表示の登記は、新築建物の場合、所有権取得から1カ月以内に登記申請する必要がありますが（不登36条、47条1項）、**所有権保存登記については登記申請の時期についての制限はありません**。また、登記申請は権利者・義務者の共同申請が原則ですが（106ページ参照）、保存登記は**権利者のみによる単独申請**となります。保存登記は初めて行う権利の登記なので、登記記録上、不利益を受ける登記義務者が存在しないからです。

この保存登記申請をすることができる申請適格者は、①表題部末尾に所有者として記録されている人（**表題部所有者**といいます）（不登74条1項1号前段）、②表題部所有者の相続人、その他一般承継人（不登74条1項1号後段）など一定の人に限定されています。

所有権保存登記の実行

所有権保存登記が実行されると、**登記官は職権で表題部末尾の所有者の表示を抹消**します。これは、表題部の末尾に所有者として記録されている人の氏名・住所に登記官が下線を引くことです。この下線があるか否かで、保存登記が申請済みか否かを判別することができます。

なお、所有権保存登記の登録免許税は、**課税価額×4/1,000円**となります（課税価額は、不動産の固定資産税評価額です。105ページ・ワンポイント参照）。

所有権保存登記の流れ

建物を新築 → (1カ月以内) → 表示の登記 → (遅滞なく) → 所有権保存登記

表示の登記：土地家屋調査士の業務

所有権保存登記：司法書士の業務

所有権保存登記の記載例

【表題部】（主たる建物の表示）		調整	令和○年□月△日	地図番号	余白
【所　在】	千代田区内神田一丁目１番地１		余白		
【不動産番号】	01234567890				
【家屋番号】	１番１		余白		
【①種　類】	【②構 造】	【③床面積】㎡	【原因及びその日付】	【登記の日付】	
事務所	木造瓦葺2階建	1階　65 00 2階　40 00	令和5年10月6日新築	余白	
【所有者】（住所省略）　A					

【権利部（甲区）】（所有権に関する登記）			
【順位番号】	【登記の目的】	【受付年月日・受付番号】	【権利者その他の事項】
1	所有権保存	令和5年10月15日 第2222号	所有者　（住所省略）　A

ワンポイント

表題部所有者から譲り受けた場合、直接、所有権保存登記はできません

新築建物について、Aを「表題部所有者」とする表示の登記がされた後、Bへ売却された場合、直接、買主であるB名義で保存登記をすることはできません。この場合、まず売主であるA名義の保存登記を申請したうえで、AからBへの所有権移転登記（112ページ参照）を申請することになります。

所有権に関する登記

05 所有権が移転した場合の登記とは？

相続などによる所有権移転は「包括承継」、売買や贈与などの場合は「特定承継」といいます

所有権が移転した際に行う登記を**所有権移転登記**といいますが、移転の原因により**包括承継**と**特定承継**の２つに分類され、それぞれ手続きが異なります。

包括承継とは、**相続などにより前所有者の所有権を包括的に承継**する場合で、特定承継とは、**売買や贈与などによって前所有者の所有権を承継**する場合となります。それぞれの手続きの方法を見ていきましょう。

包括承継は単独申請、特定承継は共同申請

相続などによる所有権移転登記（包括承継）は、相続人からの**単独申請**となります（不登63条２項）。

登記の申請は登記権利者と登記義務者による共同申請が原則ですが（106ページ参照）、その理由は、登記上、不利益を受ける登記義務者が申請に関与することで、不真正な登記を防止するためでした。一方、相続による移転登記申請の場合、登記原因証明情報として戸籍謄本などの相続を証明する書面の提供が要求され（不動産登記令〈以下、不登令〉７条１項５号ロ、別表㉒）、それらの書面により相続人の権利関係は明確になります。そのため、登記の真正は十分に担保されるため単独申請でかまわないのです。

相続による所有権移転登記の登録免許税は、**課税価額× 4/1,000 円**です。

売買や贈与による所有権移転登記（特定承継）は、原則通り、権利者と義務者の**共同申請**となります（不登60条）。売買契約による所有権移転の原因日付は、原則として**売買契約の日**ですが、売買代金の完済時を所有権移転の時期とする旨の特約がある場合は、**代金の完済時**となります。

なお、売買の目的物が農地（土地の表題部中、地目が**田**・**畑**または**牧場**となっている土地）の場合は注意が必要です。この場合、所有権移転の効果が生じるのは、**農地法の許可書が到達**したときになります。

所有権移転による「登記の目的」の記載方法

乙が、所有者甲から所有権の一部の移転を受けた場合

【順位番号】	【登記の目的】	【権利者その他の事項】
2	所有権移転	所有者　甲
3	**所有権一部移転**	**共有者　持分２分の１　乙**

登記後の共有者
およびその持分は･･･

1／2　1／2

丙が、共有者の甲乙からその持分の全部の移転を受けた場合

【順位番号】	【登記の目的】	【権利者その他の事項】
2	所有権移転	共有者　持分２分の１　甲 ２分の１　乙
3	**共有者全員持分全部移転**	**所有者　丙**

登記後の所有者は･･･

丙が、共有者の甲からその持分の全部の移転を受けた場合

【順位番号】	【登記の目的】	【権利者その他の事項】
2	所有権移転	共有者　持分２分の１　甲 ２分の１　乙
3	**甲持分全部移転**	**共有者　持分２分の１　丙**

登記後の共有者
およびその持分は･･･

1／2　1／2

共有者の甲が、その持分の２分の１を丙に移転した場合

【順位番号】	【登記の目的】	【権利者その他の事項】
2	所有権移転	共有者　持分２分の１　甲 ２分の１　乙
3	**甲持分一部移転**	**共有者　持分４分の１　丙**

登記後の共有者
およびその持分は･･･

1／4　1／2　1／4

ワンポイント

農地の所有権移転申請の場合の注意点

農地の売買は、農地法上の許可書が到達したときに所有権移転の効力が生じます。このときの所有権移転登記申請書には、農地法の許可書の添付が必要となります（不登令７条１項５号ハ）。

所有権に関する登記

06 所有権の登記名義人が死亡した場合における登記申請の義務付け

令和６年４月１日から相続登記等の申請が義務化され、３年以内の登記申請が課されました。

不動産の所有権の登記名義人が死亡し、相続等による所有権の移転が生じた場合は、次の条件のもと、所有権の移転の登記申請が課せられます。

①所有権の登記名義人について**相続**の開始があったときは、相続により所有権を取得した者、または遺贈により所有権を取得した相続人は、自己のために相続の開始があったことを知り、かつ、所有権を取得したことを知った日から３年以内に（不登 76 条の２ １項）

②法定相続分での相続登記がされた後に**遺産の分割**があったときは、遺産の分割によって法定相続分を超えて所有権を取得した者は、遺産の分割の日から３年以内に（不登 76 条の２ ２項）

③**相続人申告登記**の申出をした者が、その後の**遺産の分割**によって**所有権を取得したとき**は、**遺産の分割の日から３年以内**に（不登 76 条の３ ４項）、所有権の移転の登記を申請しなければなりません。

相続登記等の申請義務違反の効果

相続登記等の申請をすべき義務がある者が、**正当な理由**がないのにその申請を怠ったときは、**10 万円以下の過料制裁**に処せられます（不登 164 条１項）。なお、当該過料の罰則については登記官が裁判所に対して過料事件の通知（過料通知）を行うことになります。

「正当な理由」があると考えられる例は、①数次相続が発生して相続人が極めて多数に上り、戸籍謄本等の必要な資料の収集や他の相続人の把握に多くの時間を要する場合、②遺言の有効性や遺産の範囲等が争われている場合、③申請義務を負う相続人自身に妊娠・出産・重病・介護等の事情がある場合です。

法定相続の場合

所有権登記名義人について相続開始

法定相続

単独申請 / 共同相続

相続により当該不動産の所有権を取得した者は**自己のために相続の開始があったことを知り**、かつ、**当該所有権を取得したことを知った日から3年以内**に、所有権の移転の登記を申請しなければならない（不登76条の2 1項）〈第1ステージ〉

単独申請：
- 相続登記をする
- 相続人申告登記の申出をする → 申請義務を履行したものとみなされる
- 何もしない → 3年経過で過料の制裁

共同相続：
- 法定相続分通りの相続登記をする → 遺産分割
- 相続人申告登記の申出をする → 申請義務を履行したものとみなされる
- 何もしない → 3年経過で過料の制裁

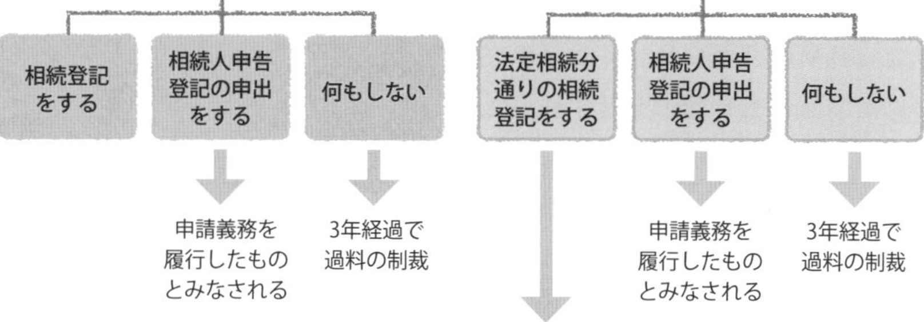

遺産分割

- **法定相続分を超えて**所有権を取得した者は当該**遺産の分割の日から3年以内**に、所有権移転の登記を申請しなければならない（不登76条の2 2項）〈第2ステージ〉
- **法定相続分を超えたか否にかかわらず**所有権を取得した者は当該**遺産の分割の日から3年以内**に、所有権移転の登記を申請しなければならない（不登76条の2 2項）〈第2ステージ〉

ワンポイント

相続人申告登記とは？

死亡した所有権の登記名義人の相続人による申出を受けて、登記官がする報告的登記に「相続人申告登記」があります（不登76条の3）。具体的には、①所有権の登記名義人について相続が開始した旨と、②自らがその相続人である旨を、申請義務の3年以内に登記官に対して申し出ることで、申請義務を履行したものとみなされます。

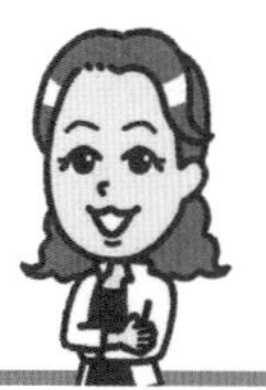

07 所有権に関する登記

所有権更正登記ができるとき・できないとき

更正登記は、更正前と後とで「同一性」があるときのみ可能となります

所有権更正登記とは、既存の所有権の登記の一部が**登記されたときから実体と不一致**であり、かつ**更正登記の前後を通じて、登記事項に同一性**がある場合にされる登記のことです。

たとえば、ＡからＢＣに所有権が移転したにもかかわらず、ＡからＢのみへの所有権移転登記が実行されてしまったケースで、この登記をＢＣ共有登記に更正（間違いを直すこと）する場合、更正登記前と更正登記後においてＢについての同一性があるため更正登記ができます。またＡから３分の２をＢへ、３分の１をＣへ所有権移転登記をすべきところ、２分の１をＢへ、２分の１をＣへという形で所有権移転登記が実行された場合も、更正登記前後で、所有者ＢＣについては同一性があるため、更正登記が認められます。

それに対して、ＡからＢへの所有権移転登記をＣ名義に更正することは、更正前後に同一性がないためできません。この場合、Ｂ名義の登記を抹消し、改めてＡからＣへの所有権移転登記を申請します。

所有権更正登記の申請手続きについて

所有権更正登記は、新たに登記名義人となる人、または持分が増加する人が登記権利者となり、登記名義を失う人、または持分が減少する人等が登記義務者となります。

なお、**更正前後で持分に変動のない人は申請人とはなりません**。たとえば、1/5A、2/5B、2/5C と登記された相続登記を 1/5A、3/5B、1/5C と更正する場合の権利者はＢ、義務者はＣとなり、Ａは申請人にはなりません。

所有権更正登記の登記原因は通常、「**錯誤**」となります。原因日付は記載しません。所有権更正登記の登録免許税は、原則として、不動産１個につき**1,000 円**を納付することになります。

所有権更正登記の可否

AからBCに所有権が移転されたのに、AからBにのみ所有権移転登記が実行された場合

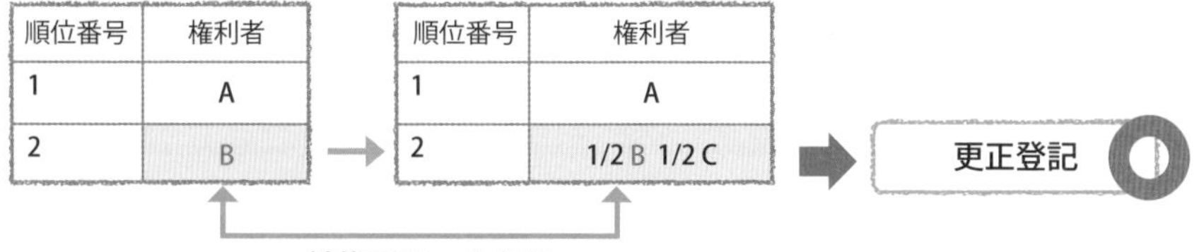

前後で同一性あり

AからCに所有権が移転されたのに、AからBに所有権移転登記が実行された場合

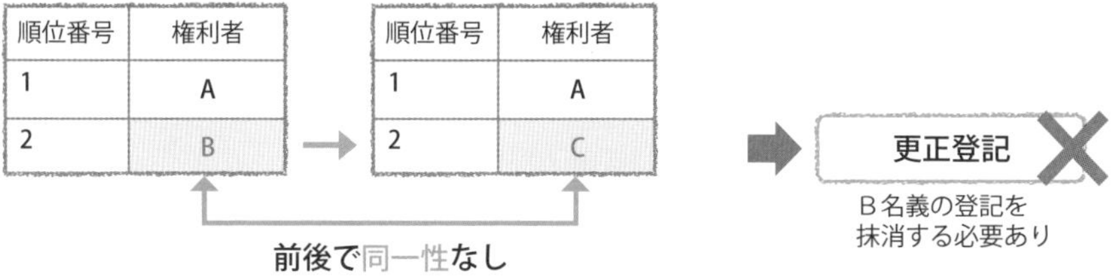

所有権更正登記完了後の登記記載例

BC共有を、B単独での所有に更正する場合

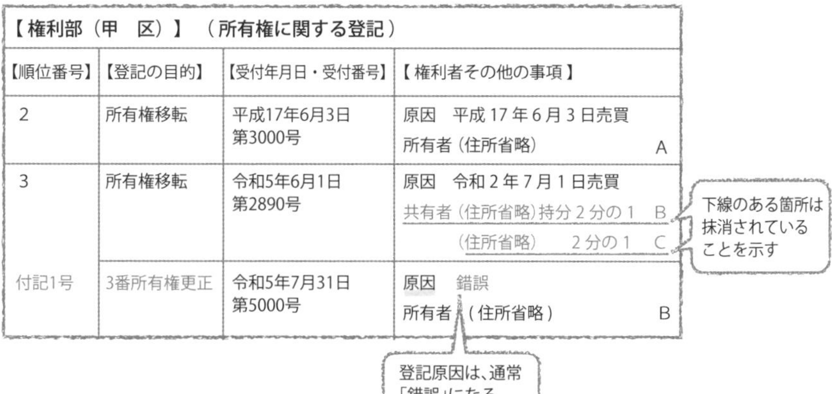

【権利部（甲　区）】（所有権に関する登記）			
【順位番号】	【登記の目的】	【受付年月日・受付番号】	【権利者その他の事項】
2	所有権移転	平成17年6月3日 第3000号	原因　平成17年6月3日売買 所有者（住所省略）　A
3	所有権移転	令和5年6月1日 第2890号	原因　令和2年7月1日売買 共有者（住所省略）持分2分の1　B （住所省略）　2分の1　C
付記1号	3番所有権更正	令和5年7月31日 第5000号	原因　錯誤 所有者（住所省略）　B

ワンポイント

所有権更正登記は、つねに「付記登記」となります

所有権更正登記は、つねに「付記登記」で実行されます。付記登記とは、新しい順位番号がつかない登記のことです。

所有権に関する登記

所有権抹消登記とは？

**今ある登記を
すべて消し去るための登記をいいます**

不動産所有権について実体関係と登記記録に不一致が生じた場合、**その登記を消し去る**ために、**所有権抹消登記**をすることになります。この登記を行うケースとしては、最初から全部に不一致があった場合や、登記原因の取消しなどによって登記後にその権利が消滅した場合などがあります。

所有権抹消登記の申請手続きについて

所有権移転登記の登記原因（相続や売買、贈与など）となる法律行為が無効だったり不成立のケースで、他人所有の不動産に所有権保存登記がなされた場合などは、抹消の原因として「**錯誤**」と記載し、原因日付は記載しません（右ページ参照）。一方、所有権移転登記の登記原因である法律行為を解除または取り消した場合は、「**解除**」または「**取消し**」と記載し、その日付は解除または取消しの効力の生じた日を記載します。

所有権抹消登記は、登記記録上、権利が抹消される人を登記義務者、抹消により所有権を回復する人を登記権利者として**共同申請**を行います。

右ページにおいて、甲区３番の所有権の登記を抹消すると、**ＢＣが設定した乙区１番のＤの抵当権は、ＢＣの所有権の登記に依存する登記として、所有権抹消登記実行の際に、登記官の職権によって抹消**されてしまいます(不動産登記規則〈以下、不登規〉152 条２項)。しかし、Ｄの知らないところでその権利の登記が抹消されることを防ぐため、甲区３番の所有権の登記を抹消申請する際には、**必ずその人（この場合はＤ）の承諾書、または承諾に代わる裁判の謄本の添付が必要とされています**（不登 68 条)。

所有権抹消登記の登録免許税は定額課税であり、不動産１個につき**1,000円**を納付します。ただし、20 個を超える不動産について１枚の申請書で申請する場合には、登録免許税は**２万円**になります。

所有権抹消登記完了後の登記記載例

甲区３番の登記が抹消された場合

【権利部（甲　区）】（所有権に関する登記）			
【順位番号】	【登記の目的】	【受付年月日・受付番号】	【権利者その他の事項】
2	所有権移転	平成17年6月3日 第3000号	原因　平成17年6月3日売買 所有者（住所省略）　A
3	所有権移転	令和5年6月1日 第2890号	原因　令和2年7月1日売買 共有者（住所省略）持分2分の1　B （住所省略）　2分の1　C
4	3番所有権抹消	平成30年7月１日 第4000号	原因　錯誤

【権利部（乙　区）】（所有権以外の権利に関する登記）			
【順位番号】	【登記の目的】	【受付年月日・受付番号】	【権利者その他の事項】
1	抵当権設定	令和5年6月3日 第3000号	原因　令和5年6月3日金銭消費貸借同日設定 債権額　金1,000万円（記載省略） 抵当権者（住所省略）　D
2	1番抵当権抹消	余白	甲区4番の登記により平成30年7月1日登記

ＢＣが抵当権を設定していた場合、ＢＣの所有権の登記が抹消されると（甲区４番）、ＢＣが設定した抵当権（乙区１番）も、登記官によって職権で抹消される（乙区２番）

下線が引かれている箇所は、その登記内容が抹消されていることを示します

ワンポイント

利害関係人に承諾書を書く義務はあるか？

この承諾書を書く義務については、民法上の結論に従うことになります。たとえばAからＢＣへの所有権移転登記がＢＣの偽造書類による偽造登記であったときに、ＢＣが設定した第三者Dの抵当権は、登記に公信力はないため、Dは保護されず、Dは承諾書を書く義務があることになります。

抵当権に関する登記

抵当権設定登記申請のポイントは？

債権額、利息、損害額、債務者などが登記されます

いざというときに貸したお金の回収を確実にする手段である担保のうち、物的担保の代表例が**抵当権**でしたね（60ページ参照）。抵当権を設定できるのは、**不動産の所有権、共有持分権、地上権、永小作権、採石権**です。賃借権に抵当権を設定することはできません。

抵当権の被担保債権（63ページ・ワンポイント参照）は、金銭消費貸借契約による**貸金債権**以外に、**売買代金債権**や請負契約による**報酬請求権**なども可能です。そのほか、**物の引渡債権**などの金銭債権以外の債権も被担保債権とすることができます。

また、被担保債権の一部に対してのみ抵当権を設定することもできます。これを**一部抵当**といい、たとえば1,000万円のうち、400万円について抵当権を設定した場合の原因は、「**○年□月△日金銭消費貸借金1,000万円のうち金400万円○年□月△日設定**」となります。

抵当権設定登記の申請手続きについて

抵当権設定登記の申請人は**共同申請**で、**権利者が抵当権者、義務者が抵当権設定者**（63ページ参照）となり、抵当権設定登記の申請情報には、目的・原因のほか、債権額、利息、損害金、債務者などを記載します。

債権額は、被担保債権の債権額のことで、「**債権額　金1,000万円**」のように記載し（不登83条1項1号）、利息は、たとえば年利計算で定めたときは「**利息　年○%**」、また損害金を定めたときは「**損害金　年○%**」というように記載します（不登88条1項1号、2号）。債務者については、「**債務者　住所　氏名**」のように記載します（不登83条1項2号）。

抵当権の設定登記の登録免許税は、**被担保債権額×4/1,000円**となります。

抵当権設定登記の記載例①（主登記の場合）

債権者を同じくする複数（あ・い）の債権に抵当権を設定した場合

【権利部（乙　区）】（所有権以外の権利に関する登記）

【順位番号】	【登記の目的】	【受付年月日・受付番号】	【権利者その他の事項】
1	抵当権設定	令和5年7月8日 第5556号	原因　(あ)令和5年7月7日金銭消費貸借 (い)令和5年7月8日売買契約代金債権 令和5年7月8日設定 債権額　(あ)金1,000万円 (い)金500万円 利息　年10% 債務者　(あ)（住所省略）　B (い)（住所省略）　C 抵当権者　（住所省略）　A株式会社

（あ）と（い）の2つの債権

【登記の目的】は「抵当権設定」になる

抵当権設定登記の記載例②（付記登記の場合）

地上権に抵当権を設定した場合

【権利部（乙　区）】（所有権以外の権利に関する登記）

【順位番号】	【登記の目的】	【受付年月日・受付番号】	【権利者その他の事項】
1	地上権設定	令和５年６月１日 第5000号	原因　令和５年７月８日設定 （一部登記事項省略） 地上権者（住所省略）　甲
付記１号	１番地上権 抵当権設定	令和５年７月８日 第5556号	原因　令和５年７月８日金銭消費貸借同日設定 債権額　金2,000万円 利息　年10% 債務者　（住所省略）　甲 抵当権者　（住所省略）　A

所有権以外の権利（この場合、地上権）を目的とする場合は、「付記登記」として実行します

ワンポイント

所有権とそれ以外の権利では、登記の実行が異なります

抵当権設定登記は、所有権を目的とする場合は、「主登記」（125ページ・ワンポイント参照）で実行されます。一方、地上権など、所有権以外の権利を目的とする場合は、「付記登記」で実行されます。

10 抵当権に関する登記

抵当権移転が起きるのは、どのようなケースか？

抵当権者が死亡した場合や被担保債権が債権譲渡された場合などに移転します

抵当権者が亡くなった場合、抵当権は相続により相続人に移転します。このとき、相続を原因とする**抵当権移転登記**を申請します。

この登記は、相続による所有権移転登記と同様、相続人からの**単独申請**になります（不登63条2項）。

抵当権者Ａが死亡して、ＢＣがＡを共同相続した場合、相続人が承継した被担保債権額を割合換算した持分によって抵当権を**共有**することになります。

たとえば、被担保債権額1,000万円をＢＣが500万円ずつ承継した場合、抵当権の共有持分は**各２分の１**となります。

抵当権者の相続による抵当権移転登記の登録免許税は、**被担保債権額×1/1,000円**です。

債権譲渡による抵当権移転の申請手続きについて

抵当権の被担保債権が債権譲渡（76ページ参照）されると、抵当権はこれにともない、譲受人（債権を譲り受けた人）に移転します。これを、**抵当権の随伴性**（ずいはんせい）といいます。このとき、抵当権者から債権の譲受人へ「○年□月△日債権譲渡」を原因とする抵当権移転登記を申請することができます。

Ａの抵当権の被担保債権1,000万円のうち400万円がＢに一部譲渡された場合には、**抵当権一部移転登記**を申請します。原因は「○年□月△日債権一部譲渡」であり、申請情報に「譲渡額　金400万円」と記載することになります。

債権譲渡による抵当権移転登記の登録免許税は、**譲渡額×2/1,000円**です。

なお、抵当権移転登記は、**付記登記**で実行されます（右ページ参照）。

債権一部譲渡の後の権利関係

抵当権者

債権者A　債権者B

債権一部譲渡（400万円）

抵当権

1個の抵当権を3：2で準共有※

土地

600万円の債権　400万円の債権

債務者X

※ 準共有とは、所有権以外の財産権を複数が共同して保有すること

債権者のAとBは、債務者Xに対して、各自独立して債権を有することになる。抵当権については、本来であればABの債権の額に応じて、抵当権を分割するべきだが、民法には抵当権分割の規定がないため、ABは1個の抵当権を準共有することになる

抵当権移転登記の完了後の記載例（上記の債権一部譲渡の場合）

【権利部（乙区）】（所有権以外の権利に関する登記）

【順位番号】	【登記の目的】	【受付年月日・受付番号】	【権利者その他の事項】
1	抵当権設定	令和5年7月1日 第5500号	原因　令和5年7月1日金銭消費貸借同日設定 債権額　金1,000万円 利息　年10% 債務者　（住所省略）　X 抵当権者　（住所省略）　A
付記1号	1番抵当権 一部移転	令和5年7月10日 第5800号	原因　令和5年7月10日債権一部譲渡 譲渡額　金400万円 抵当権者　（住所省略）　B
付記2号	1番抵当権 B持分移転	令和5年8月1日 第6000号	原因　令和5年8月1日債権譲渡 抵当権者　（住所省略）　C

上記の債権一部譲渡の登記が「付記1号」である

ワンポイント

債権一部譲渡の後、さらに債権譲渡をした場合

上記のケースで、その後、Bが400万円の債権をCに譲渡した場合は、「1番抵当権B持分移転」の登記を申請することになります（上記の記載例の「付記2号」）。この場合、原因は「令和5年8月1日債権譲渡」と記載し、譲渡額の記載は必要ありません。

抵当権変更登記とは？

登記された債権額や利息などに変更があった場合に行うのが、抵当権変更登記です

抵当権設定登記後に、変更契約などにより、登記された債権額、利息、損害金、債務者などに変更が生じた場合、**抵当権変更登記**を申請します。

抵当権変更登記の申請人は、必ず**抵当権者**と**抵当権設定者**となります（どちらが権利者・義務者になるかは、右ページ参照）。また、抵当権変更登記の登録免許税は、原則として、不動産１個について **1,000 円**となります。

貸し増しの場合、新たな抵当権設定の登記が必要

ここで、抵当権変更登記の具体例を見てみましょう。

たとえば、金銭消費貸借 1,000 万円のうち 500 万円について抵当権を設定したとします（一部抵当）。この場合は、現状で担保されていない債権額の部分につき、抵当権の債権額を増額することができます（たとえば、1,000 万円に増額するなど）。その場合、**債権額の増額変更登記**を行います。

一方、被担保債権額の全額について抵当権設定登記をした場合、その後に同一の抵当権者と債務者との間で再び金銭消費貸借契約が結ばれ、新たな貸金債権が発生した場合（**貸し増し**といいます）、その新たな貸付け分を増額する旨の債権額の増額変更登記をすることはできません。理由は、貸し増しされた部分については、現状の被担保債権と同一性がないからです。この場合、新たに抵当権設定契約をして、抵当権設定登記の申請を行います。

なお、抵当権の債権額の減額変更登記の登録免許税は、原則通り **1,000 円**ですが、増額変更登記の登録免許税は、増加分については新たな抵当設定登記であるとして、**増加した債権額× 4/1,000 円**となります。

そのほかの抵当権変更登記の例として、抵当権設定登記後に債務者が変更する場合（**免責的債務引受契約**といいます）があります。この契約は、債権者（抵当権者）・旧債務者・新債務者の三者間で締結されるのが普通です。

各抵当権変更登記の申請人と登録免許税

<table>
<tr><th colspan="2" rowspan="2">抵当権
変更登記
の種類</th><th colspan="2">申請人</th><th rowspan="2">登録免許税額</th></tr>
<tr><th>権利者</th><th>義務者</th></tr>
<tr><td rowspan="2">債権額の変更</td><td>増額</td><td>抵当権者</td><td>抵当権設定者</td><td>増加額×4/1,000円</td></tr>
<tr><td>減額</td><td>抵当権設定者</td><td>抵当権者</td><td rowspan="4">1,000円</td></tr>
<tr><td rowspan="2">利息・損害金の変更</td><td>増率</td><td>抵当権者</td><td>抵当権設定者</td></tr>
<tr><td>減率</td><td>抵当権設定者</td><td>抵当権者</td></tr>
<tr><td colspan="2">債務者の変更</td><td>抵当権者</td><td>抵当権設定者</td></tr>
</table>

債権額や利息などが増えれば抵当権者は有利で、その逆であれば抵当権者は不利になります

債務者変更の場合の申請人は？

抵当権の債務者変更登記の場合、抵当権者と抵当権設定者のどちらが有利とも不利ともいえません。このような場合、設定時の権利者・義務者が変更登記の権利者・義務者となるため、変更登記申請の際の申請人については、権利者が抵当権者、義務者が抵当権設定者となります。

抵当権に関する登記

抵当権抹消登記とは？

被担保債権が消滅すれば、抵当権も消滅します。その場合は、抵当権抹消登記を申請します

抵当権の被担保債権が弁済などにより消滅した場合、**抵当権**は消滅します。このように、**被担保債権がないところには抵当権は存在し得ない**という原則を**付従性**（ふじゅうせい）といいます。抵当権が消滅した場合、抵当権の抹消登記を申請することになります。

抵当権抹消登記の申請手続きについて

抵当権抹消登記の申請人は原則として、**抵当権設定者**が権利者となり、**抵当権者**が義務者となります。なお、抵当権設定後に所有権移転登記が実行された場合、抵当権抹消登記の登記権利者は、現在の所有権登記名義人（右ページのケース１ではB）となります。

また、１番抵当権、２番抵当権が実行されている場合、２番抵当権者は、１番登記名義人と共同して、１番抵当権抹消の登記権利者として抹消登記を申請することができます。これは、２番抵当権者は、１番抵当権抹消により**順位上昇の利益**があるので、登記権利者となれるのです。

右ページのケース２において、抵当権者Bが所有権を取得したことにより、抵当権が混同（相対立する法律上の地位が同一人に帰すること）で消滅した場合になすべき登記は、**Bが所有権を取得した日**を原因日付として「**○年□月△日混同**」による抵当権抹消登記となります。この登記は、**Bが権利者兼義務者**として申請することになります。なお、Bが抵当権抹消登記をせずに所有権がCに移転した後に、抵当権抹消登記を申請する場合は、**権利者C**、**義務者B**となります（右ページのケース３）。

抵当権抹消登記の登録免許税は定額課税であり、不動産１個につき**1,000円**を納付します。ただし20個を超える不動産について、１枚の申請書で申請する場合には登録免許税は**２万円**となります。

抵当権抹消登記の申請人について

（左端の「❶❷ …」の番号は、登記が実行された順）

ケース１　抵当権設定後に所有権移転登記が実行された場合

【権利部（甲区）】（所有権に関する登記）		
【順位番号】	【登記の目的】	【権利者その他の事項】
❶ 2	所有権移転	所有者　A
❸ 3	所有権移転	所有者　B

【権利部（乙区）】（所有権以外の権利に関する登記）		
【順位番号】	【登記の目的】	【権利者その他の事項】
❷ 1	抵当権設定	抵当権者　甲銀行

抵当権抹消登記の
権利者　B
義務者　甲銀行

ケース２　抵当権が「混同」により消滅した場合

【権利部（甲区）】（所有権に関する登記）		
【順位番号】	【登記の目的】	【権利者その他の事項】
❶ 2	所有権移転	所有者　A
❸ 3	所有権移転	所有者　B

【権利部（乙区）（所有権以外の権利に関する登記）		
【順位番号】	【登記の目的】	【権利者その他の事項】
❷ 1	抵当権設定	抵当権者　B

抵当権抹消登記の
権利者**兼**
義務者　B

ケース３　抵当権抹消登記をせずに所有権が移転した場合

【権利部（甲区）】（所有権に関する登記）		
【順位番号】	【登記の目的】	【権利者その他の事項】
❶ 2	所有権移転	所有者　A
❸ 3	所有権移転	所有者　B
❹ 4	所有権移転	所有者　C

【権利部（乙区）】（所有権以外の権利に関する登記）		
【順位番号】	【登記の目的】	【権利者その他の事項】
❷ 1	抵当権設定	抵当権者　B

抵当権抹消登記の
権利者　C
義務者　B

ワンポイント

抵当権抹消登記は、「主登記」になります

抵当権抹消登記は「主登記」で実行されます。主登記とは、「１」「２」など独立した順位番号がつけられる登記のことです。その主登記の各番号内で、「付記１号」などの枝番号がつけられているのが、「付記登記」です。

根抵当権とは？

**不特定多数の債権について
一定の限度額まで担保する特殊な抵当権のことです**

根抵当権とは、**一定の範囲に属する不特定の債権を、一定限度額（極度額）まで担保する抵当権**をいいます（民法398条の2 1項）。不特定の債権を担保するとは、普通の抵当権のように、設定時に特定した債権を担保するものではなく、根抵当権者と特定の債務者との間で、あらかじめ決められた債権の範囲の中で発生する債権を担保する、という意味です。

たとえば、甲銀行と乙社の間で継続的に金銭消費貸借取引が繰り返される場合、債権が成立するごとに1個1個抵当権を設定するのではなく、**債権の範囲を「銀行取引」とする1個の根抵当権を設定**するのです。

根抵当権によって、一定の範囲まで優先弁済権を確保できる

根抵当権は、取引によって生じた**個々の債権が弁済により消滅しても、それをもって付従性（124ページ参照）で消滅することがない特殊な抵当権**で、1個の根抵当権さえ設定しておけば、その後に融資合計額が日々変動しても、債権の合計額を一定の範囲（極度額）まで担保することができます。

そしてその後、たとえば上記の例で、乙社が破産などによって甲銀行に対して弁済することが不可能になった場合、甲銀行は乙社との取引を停止し、その時点でたまった未回収債権額の合計額について、根抵当権の目的不動産を競売にかけ、優先弁済を受けることができます。

ただし、債権額の合計額が根抵当権実行の際まで確定しないと、後順位担保権者はなかなか回収の見込みがつきません。そこで根抵当権設定時に極度額を定めておきます。**極度額とは、抵当権者が後順位担保権者に対して優先弁済を主張できる極限の額のことです**。たとえば、上記の甲銀行と乙社の銀行取引において極度額を1,000万円と定めた場合、乙社が破産した際の未回収貸付金の合計が1,500万円であっても、甲銀行が後順位担保権者に対

して優先弁済を主張できるのは、極度額である1,000万円までに限られます（残りの500万円については無担保債権となります）。

反対に、乙社への未回収貸付金の合計額が500万円であった場合、その後甲銀行は遅延損害金などの発生があれば、極度額である1,000万円まで優先弁済を受けることができます（民法398条の3　1項）。このように、根抵当権とは、被担保債権と担保権とを完全に切り離し、極度額分の優先弁済権を確保する権利であることから、**枠支配権**と表現されます。

なお、複数の債務者がいる場合、根抵当権者とそれぞれ取引を行うことになります。このとき、債務者ごとに債権の範囲が異なってもかまいません。また、1個の根抵当権を複数人で共有することもできます。この場合、根抵当権者ごとに債務者・債権の範囲を決定することができ、根抵当権者はそれぞれ独立して自己の債務者との間で取引などをします（131ページ参照）。

元本確定により、根抵当権は「抵当権」化する

左ページの例で、乙社が破産した場合、以後、債権が新たに発生することはなく、根抵当権でカバーされる債権は、その時点ですでに発生している債権に特定されます。たとえば、令和5年12月1日に貸し付けた300万円の貸金債権（X債権）と、令和6年1月5日に貸し付けた100万円の貸金債権（Y債権）、および同月20日に貸し付けた200万円の貸金債権（Z債権）が未弁済の場合、根抵当権の被担保債権はこの3つの債権に特定されます。

このように、債権の発生が終了するなどして、根抵当権の被担保債権が具体的に特定されることを、根抵当権の**元本確定**といいます。元本確定により、**根抵当権は、以後その特定された債権だけを担保**することになり、根抵当権と被担保債権との間に結びつきが生じ、**付従性・随伴性（120ページ参照）が発生**することになります。たとえば、元本確定後、根抵当権者の甲銀行が被担保債権であるX債権を丙に債権譲渡した場合、根抵当権は抵当権同様に債権譲渡を原因として丙に移転することになります。つまり、**元本確定により、根抵当権は「抵当権化」する**のです。

根抵当権の元本が確定するのは、こうした債務者破産の場合のほか、根抵

当権者、または設定者から元本確定請求があった場合や、目的である不動産について、根抵当権者が競売による差押えを申し立てた場合などです（民法398条の20 1項）。

ちなみに、**元本確定前に被担保債権の債権譲渡があった場合、新債権者が取得した債権は、根抵当権によって当然には担保されません**（民法398条の7 1項）。たとえば、先ほどの例で、根抵当権者の甲銀行が根抵当権で担保されている特定債権を丙に債権譲渡した場合、根抵当権は債権譲渡を原因として丙には移転せず、その債権は根抵当権で担保されません。つまり、元本確定前の根抵当権は、抵当権には認められる**付従性・随伴性が否定**されているのです。

元本確定の日をあらかじめ定める「確定期日」

なお、根抵当権の元本が確定する日はあらかじめ定めておくことができ、これを**確定期日**といいます。確定期日を定めた場合、根抵当権者と債務者の取引が継続していても、その段階で発生している債権だけを担保する根抵当権となります。

では、なぜ確定期日を定めるのかというと、根抵当権の設定者にあまり長い間、根抵当権の負担をさせるべきではない、という主旨からです。

たとえば、先ほどの例で甲銀行と乙社間の銀行取引により継続的に発生する債権を担保するため、乙社の役員であるC所有の土地に根抵当権を設定したとします。すると甲銀行と乙社との間の取引は果てしなく継続する可能性があり、その間、設定者Cは根抵当権を負い続けねばならず、大変な負担になります。

そこで、あらかじめ期日を定め、その確定期日が到来したら、甲銀行と乙社との間の取引が継続しているか否かを問わず、その時点ですでに発生している債権に特定し、以後はその特定された債権だけを担保するわけです。

なお、設定者にあまりに長い間、根抵当権の負担を負わせるべきではないので、確定期日は、新設または変更する日より**5年以内**であることが必要です（民法398条の6 3項）。

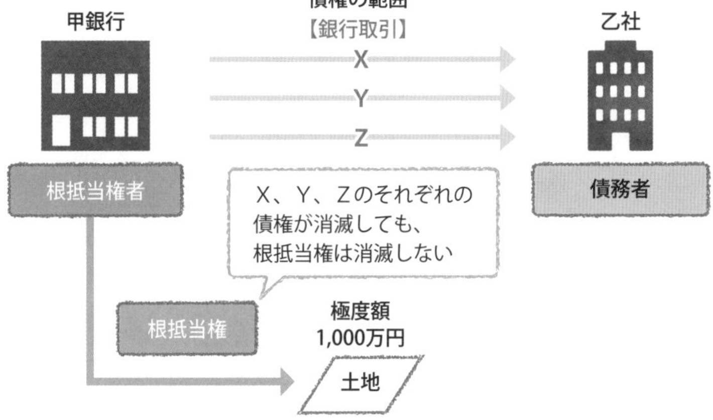

担保される債権は日々入れ替わる

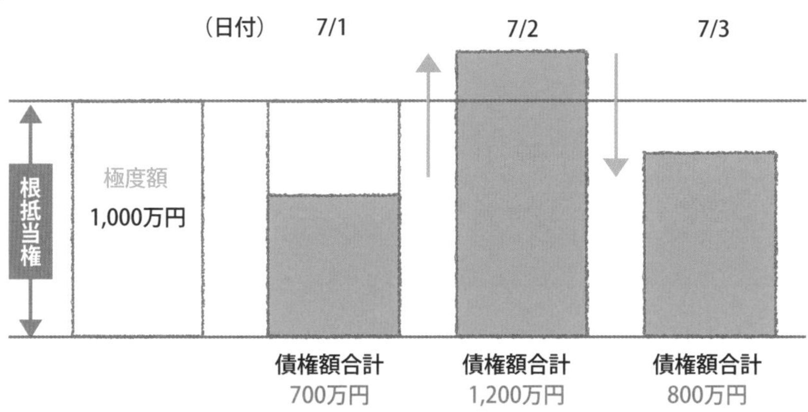

ワンポイント

不特定債権とセットであれば、特定の債権を根抵当権の被担保債権として設定できます

根抵当権では、特定の債権のみを被担保債権として設定することはできません。ただし、「銀行取引」などによる不特定債権とともに担保する場合であれば、特定の債権も被担保債権として根抵当権を設定できます。

1 民法
2 不動産登記法
3 会社法
4 商業登記法

14 根抵当権に関する登記

根抵当権設定登記の申請手続きを知ろう

申請書の記載事項として、「極度額」「債権の範囲」「債務者」の３つは必須です

ここでは、根抵当権の設定を登記する際の申請手続きについて見ていきましょう。

根抵当権は、根抵当権設定時に被担保債権が存在していなくても、**極度額、債権の範囲、債務者**という、その根抵当権の枠さえ定めておけば、**根抵当権設定契約**という物権契約のみで有効に設定することができます（民法398条の2 1項）。

根抵当権設定登記の目的は「**根抵当権設定**」と記載し、登記原因およびその日付は、「**○年□月△日設定**」と記載します。

また、**「極度額」「債権の範囲」「債務者」の３つは必ず申請書に記載**しなければなりません。極度額は、「**極度額　金何円**」と記載し（不登88条2項1号）、債権の範囲は、たとえば「**債権の範囲　売買取引**」のように記載します（不登88条2項1号）。

なお、複数の債務者がいて、債務者ごとに債権の範囲が異なる場合、債権の範囲については債務者ごとに書き分けることになります。

また、根抵当権については抵当権の場合と異なり、**利息や損害金を申請情報に記載することはできません**。これは、極度額に達するまで何年分でも担保されるので、極度額と別に公示しても実益がないからです。

当事者が契約書に**確定期日**を定めた場合は、その定めを申請情報に記載しなければなりませんが、確定期日の定めがなければ申請情報に記載する必要はありません。

根抵当権設定登記の申請人は、**権利者は根抵当権者、義務者は設定者**です。

登録免許税は、**極度額× 4/1,000 円**となります。

根抵当権者が複数の場合

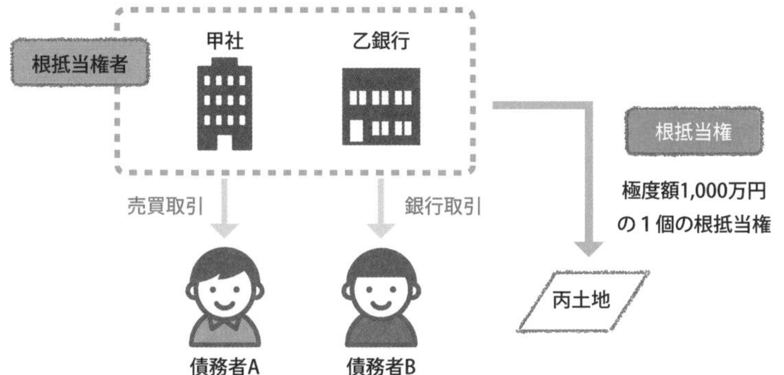

上記ケースの根抵当権設定登記の完了後の登記記載例

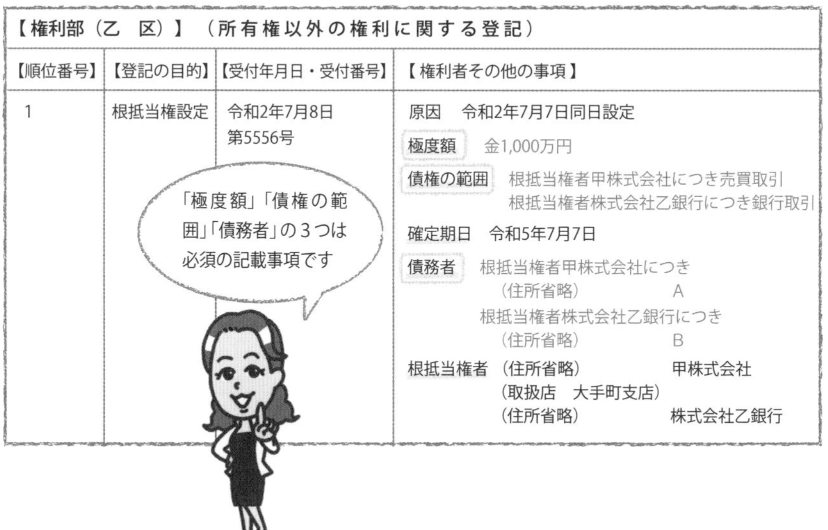

【権利部（乙　区）】（所有権以外の権利に関する登記）

【順位番号】	【登記の目的】	【受付年月日・受付番号】	【権利者その他の事項】
1	根抵当権設定	令和2年7月8日 第5556号	原因　令和2年7月7日同日設定 極度額　金1,000万円 債権の範囲　根抵当権者甲株式会社につき売買取引 根抵当権者株式会社乙銀行につき銀行取引 確定期日　令和5年7月7日 債務者　根抵当権者甲株式会社につき （住所省略）　A 根抵当権者株式会社乙銀行につき （住所省略）　B 根抵当権者　（住所省略）　甲株式会社 （取扱店　大手町支店） （住所省略）　株式会社乙銀行

ワンポイント

根抵当権者が複数いる場合の配当は？

根抵当権者が複数いる場合、それぞれ債務者との間で継続的取引等を重ねたのち、その根抵当権の元本が確定したのであれば、それぞれの債権額の割合に応じて、土地の換価代金から配当を受けるのが原則となります（民法 398 条の 14　1 項本文）。

15 根抵当権に関する登記

根抵当権移転ができるケースとは？

設定者の承諾を得て、根抵当権を全部、または2個に分割して譲渡できます

元本確定前の根抵当権は、設定者の承諾を得て、被担保債権とはまったく別個にその根抵当権だけを譲受人に譲渡することができます（民法398条の12 1項)。これを根抵当権の**全部譲渡**といいます。

設定者の承諾が契約の効力発生要件とされているのは、誰が根抵当権者かは設定者にとって重要なことなので、**根抵当権者の変更を望まない設定者の利益を保護**するためです。

また、元本確定前の根抵当権は、設定者の承諾を得て、その根抵当権を2個の根抵当権に分割して、その1つを譲渡することもできます（民法398条の12 2項前段)。これを根抵当権の**分割譲渡**といいます。設定者の承諾が契約の効力発生要件とされている理由は全部譲渡と同様です。

一方、根抵当権を3個以上に分割することは許されません。また、根抵当権を分割だけして譲渡しないことも許されません。

根抵当権移転登記の申請手続きについて

根抵当権の「全部譲渡」が行われた場合、根抵当権の移転登記を申請します。この移転登記の権利者は譲受人、義務者は譲渡人（根抵当権登記名義人）となります。

根抵当権の「分割譲渡」が行われた場合、根抵当権の分割譲渡の登記を申請します。根抵当権の分割譲渡の登記の権利者は譲受人、義務者は譲渡人(根抵当権登記名義人）となります。

根抵当権の全部譲渡による移転登記の登録免許税は、**極度額× 2/1,000円**、根抵当権の分割譲渡の登記の登録免許税は、**分割譲渡を受けた極度額× 2/1,000円**です。

根抵当権移転登記の記載例

「全部譲渡」の場合

【権利部（乙　区）】（所有権以外の権利に関する登記）			
【順位番号】	【登記の目的】	【受付年月日・受付番号】	【権利者その他の事項】
1	根抵当権設定	令和５年７月８日 第5556号	原因　令和５年７月７日同日設定 極度額 金1,000万円 債権の範囲　売買取引 債務者　（住所省略）　A 根抵当権者（住所省略）　甲株式会社
付記１号	１番根抵当権移転	平成30年10月１日 第7000号	原因　平成30年10月１日譲渡 根抵当権者（住所省略）　乙株式会社

「分割譲渡」の場合

【権利部（乙　区）】（所有権以外の権利に関する登記）			
【順位番号】	【登記の目的】	【受付年月日・受付番号】	【権利者その他の事項】
1（あ）	根抵当権設定	令和４年10月３日 第4800号	原因　令和４年10月１日設定 極度額　金3,000万円 債権の範囲　銀行取引 債務者　（住所省略）　B 根抵当権者（住所省略）　丙銀行株式会社
付記１号	１番（あ）根抵当権変更	余白	極度額　金2,000万円 分割譲渡により令和５年３月17日付記
1（い）	１番根抵当権分割譲渡	令和５年３月17日 第2500号	原因　令和５年３月16日分割譲渡 （根抵当権の表示） 令和４年10月３日受付第4800号 原因　令和４年10月１日設定 極度額　金1,000万円 債権の範囲　銀行取引 債務者　（住所省略）　B 根抵当権者（住所省略）　丁銀行株式会社

ワンポイント

新根抵当権と原根抵当権とは、同一順位となります

分割譲渡された譲受人の根抵当権は、譲渡人の原根抵当権と同一順位となります。原根抵当権と新根抵当権とを区別するために、上記の記載例のように、登記簿では「○番(あ)」「○番(い)」のように符号がつけられます(不登規165条３項)。

16

根抵当権に関する登記

根抵当権変更登記を申請するタイミングは？

変更内容によっては、元本確定前のみしか申請できないものもあるので要注意！

登記した根抵当権について、極度額、債権の範囲、債務者、確定期日に変更が生じた場合には、**根抵当権の変更登記**を申請します。

根抵当権の変更登記は、元本確定前のみ申請できる場合と、元本確定前後を通じて申請できる場合とに分かれますので、注意が必要です。たとえば、**極度額の変更は元本確定後でも可能**ですが、**債権の範囲、債務者、確定期日の変更は元本確定前のみ**許されます。

たとえば、債権の範囲や債務者の変更の場合、たとえ元本確定前に変更の合意がされていても、元本確定前にその変更登記をしなければ、その変更をしなかったものとみなされます（民法398条の4　3項）。確定期日の変更の場合、その旨の変更登記をする前に変更前の確定期日がきてしまうと、変更前の確定期日において元本確定の効果が生じてしまいます（民法398条の6　4項）。

なお、確定期日を新設または変更する場合、その確定期日は新設または変更する日より**5年以内**の日でなければなりません（民法398条の6　3項）。

根抵当権変更登記の申請手続きについて

根抵当権変更登記の申請人は、必ず根抵当権者と設定者となります（どちらが権利者・義務者になるかは、右ページ参照）。

なお、**債権の範囲の縮減**とは、たとえば、債権の範囲を「売買取引及び金銭消費貸借取引」から「売買取引」に変更する場合を指し、**債務者の縮減**とは、債務者「A・B」を「A」に変更する場合を指します。これらの場合は、根抵当権者に不利益であるとして、根抵当権者が義務者になります。

根抵当権変更登記の登録免許税は、原則として、不動産1個につき**1,000円**となります。

元本確定前後における根抵当権変更の可否

変更内容	確定前	確定後
変更契約による極度額の変更（民法398条の５）	○	
変更契約による債権の範囲の変更（民法398条の４　３項）	○	×
変更契約による債務者の変更（民法398条の４　３項）		
確定期日の変更（民法398条の６　３項）		

根抵当権変更登記のまとめ

根抵当権変更登記の種類		申請人		登録免許税額
		権利者	義務者	
極度額の変更	増額	根抵当権者	設定者	増加額×4/1,000円
	減額	設定者	根抵当権者	1,000円
債権の範囲の変更	原則	根抵当権者	設定者	
	縮減的	設定者	根抵当権者	
債務者の変更	原則	根抵当権者	設定者	
	縮減的	設定者	根抵当権者	
確定期日の変更	原則	根抵当権者	設定者	
	短縮	設定者	根抵当権者	

根抵当権の変更登記の種類によって権利者と義務者が変わるので注意しましょう

ワンポイント

根抵当権変更登記の申請人には例外があります

申請人は原則として、権利者が根抵当権者、義務者が設定者となります。ただし、極度額の減額と、債権の範囲および債務者の縮減的変更、確定期日の短縮変更の場合は、根抵当権者に不利益であるとして、根抵当権者が義務者となります。

根抵当権に関する登記

根抵当権消滅請求とは？

物上保証人等が、極度額に相当する金額を払い渡すことで、根抵当権の消滅を請求することです

元本確定前は、すでに発生した被担保債権が全額弁済されても、根抵当権は付従性（124ページ参照）によって消滅しないため、**根抵当権抹消登記**をすることはできません。

一方、元本確定後は、根抵当権と被担保債権との間に付従性が生じているので、被担保債権の全額を弁済したときには**根抵当権は消滅**し、弁済を原因とする根抵当権抹消登記を申請することができるようになります。

また、根抵当権には、抵当権には存在しない**根抵当権消滅請求**という制度があります。根抵当権消滅請求とは、元本確定後に、現に存在する債務の額が根抵当権の極度額を超えているときに、**物上**（ぶつじょう）**保証人**（債務者以外の担保提供者）等がその根抵当権の極度額に相当する金額を根抵当権者に払い渡して、その根抵当権の消滅を請求することができる制度です（民法398条の22）。

根抵当権の目的不動産の所有者が債務者ではなく、物上保証人などであるとき、この土地について根抵当権を実行して競売などがされたとしても、根抵当権者は極度額を限度としてしか配当を受けることができません。一方、物上保証人等は、競売等がされればその所有権を失う不利益を受けることになります。

そこで、**物上保証人等のこの不利益を回避し、しかも根抵当権者にも競売等の場合と同じ額の弁済を受けられる制度**が求められたのです。それが根抵当権消滅請求の制度です。

根抵当権抹消登記の申請手続きについて

根抵当権抹消登記の申請人は、**権利者が設定者、義務者が根抵当権者**です。根抵当権抹消登記の登録免許税は定額課税であり、不動産1個につき**1,000円**を納付します。

根抵当権消滅請求とは？

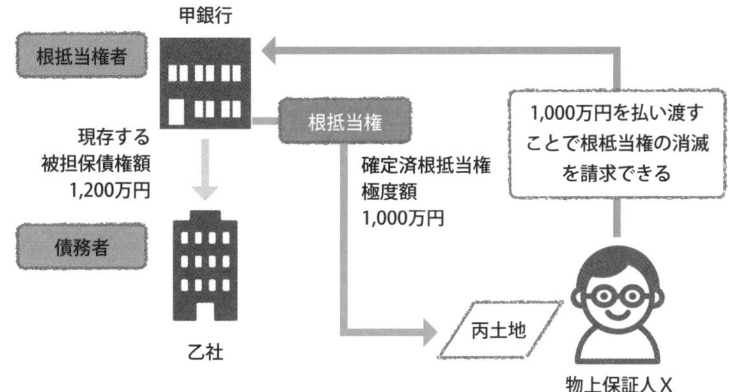

根抵当権抹消登記の記載例

【権利部（乙　区）】（所有権以外の権利に関する登記）			
【順位番号】	【登記の目的】	【受付年月日・受付番号】	【権利者その他の事項】
1	根抵当権設定	令和1年1月8日 第156号	原因　令和1年1月7日同日設定 極度額 金1,000万円 債権の範囲　銀行取引 確定期日　令和6年1月7日 債務者　（住所省略）　乙株式会社 根抵当権者（住所省略）　甲銀行株式会社
2	1番根抵当権抹消	令和3年3月1日 第900号	原因　令和3年3月1日消滅請求

下線が引かれている箇所は、その登記内容が抹消されていることを示します

ワンポイント

根抵当権の消滅請求を根抵当権者は断れる？

根抵当権消滅請求が行われた場合、根抵当権者に断る自由はなく、消滅請求の意思表示が根抵当権者に到達したとき、その効力が発生することになります（民法97条1項）。

18 仮登記
所有権の仮登記で順位をキープできる！

仮登記は、本登記のための予備登記であり、登記本来の対抗力はありません

所有権の仮登記（不登105条）とは、後日行われる本登記のために、順**位の保全**を目的とする予備登記のことです。つまり、何らかの事情により所有権の本登記をすることができない場合に、**順位をキープしておく登記**のことです。仮登記自体には、登記本来の対抗力はありません。

たとえば、農地の売買で、農地法の許可書を得て所有権が移転した後に、その許可書を紛失してしまった場合、その許可書を添付せずに申請しても却下されてしまいます。そのため再度、許可書を取得し直す必要があります。その間、農地の二重譲渡がなされ、第三者の登記が実行されてしまう恐れもあります。

そうした事態に備えて仮登記を申請して順位を保全するのです。これが、仮登記のメリットといえます。

仮登記の申請手続きについて

仮登記の申請人および申請形態は、原則として仮登記権利者と仮登記義務者の**共同申請**です。

仮登記権利者とは、**仮登記によって形式的に利益を受ける人**（上記ケースでは買主）のことであり、仮登記義務者とは、**仮登記によって形式的に不利益を受ける人**（上記ケースでは売主）のことです。

例外として、仮登記権利者からの**単独申請の特則**があり、仮登記義務者の承諾書を添付した場合など、一定の要件を満たすときは、仮登記権利者が単独申請することができます（不登107条1項）。

仮登記について単独申請が許される理由は、仮登記は、将来本登記の際の順位を保全するためになされるものであり、仮登記自体は対抗力を有する登記ではないため、共同申請の原則を緩和しても差し支えないからです。

仮登記の具体例

仮登記の記載例

【権利部（甲　区）】（所有権に関する登記）			
【順位番号】	【登記の目的】	【受付年月日・受付番号】	【権利者その他の事項】
1	所有権保存	令和1年10月8日 第5600号	所有者　（住所省略）　A
2	所有権移転 仮登記	令和6年1月8日 第156号	原因　令和6年1月7日売買 権利者　（住所省略）　B
	余白	余白	余白

登記記録の
仮登記下側の余白は、
本登記に備えたものです

ワンポイント

仮登記の登録免許税の税率は、本来の２分の１

所有権移転に関する仮登記の登録免許税の税率は、本来の税率の２分の１となります（売買による所有権移転仮登記の登録免許税は、課税価格× 10/1,000 円）。登記記録上、仮登記の下側には本登記のための余白が設けられます（不登規 179 条１項）。

仮登記

19 登記記録の「余白」を埋める本登記

本登記により対抗力を得て、仮登記後にされた第三者の権利に勝つことができます

139ページ上図のケースで、農地法の許可書を紛失したことにより、仮登記を申請して順位を保全していた買主Bが、のちに農地法の許可書を再取得した場合、どのような手続きを取るのでしょうか。

この場合、Bは仮登記の下の余白を埋める**本登記申請**をすることになります。この本登記が実行されることにより、登記本来の対抗力が備わることになります。

本登記の申請には第三者の承諾書が必要

仮登記に基づく本登記申請は、原則として**共同申請**です。**仮登記名義人が登記権利者**で、**仮登記義務者が登記義務者**となります。

所有権に関する仮登記の本登記については、仮登記後にされた第三者の権利に関する登記があるときは、その第三者の権利と本登記が抵触することになるので、**本登記の申請をする場合には、その第三者の承諾書、または承諾に代わる裁判の謄本を添付しなければなりません**（不登109条1項）。

たとえば、買主Bの仮登記が実行された後に、売主AがCにもこの農地を二重に譲渡して、Cへの所有権移転登記が実行された後にBが本登記を申請する場合、Cの承諾書の添付が必要になります。

この場合、Bの仮登記には対抗力がないのでCへの所有権移転登記を実行することは可能ですが、Bが順位を保全しているので、Bが本登記をするとBが勝つことになります。そして、Bの本登記は対抗力があるので、物権の排他性から、Cの登記は排除されることになります。このとき、**登記官は職権でCの登記を抹消**することになります（不登109条2項）。

仮登記の本登記の登録免許税は、**課税価額× 10/1,000円**です。仮登記の際の登録免許税と合わせて、本来の税率と同等になるということです。

本登記によって登記記録はこう変わる！

本登記申請前の登記記録

【権利部（甲　区）】（所有権に関する登記）			
【順位番号】	【登記の目的】	【受付年月日・受付番号】	【権利者その他の事項】
1	所有権保存	平成 25 年 10 月 8 日 第 5600 号	所有者　（住所省略）　A
2	所有権移転仮登記	令和 5 年 1 月 8 日 第 156 号	原因　令和 5 年 1 月 7 日売買 権利者　（住所省略）　B
	余白	余白	余白
3	所有権移転	令和 5 年 2 月 10 日 第 600 号	原因　令和 5 年 2 月 10 日売買 所有者　（住所省略）　C

本登記完了後の登記記録

【権利部（甲　区）】（所有権に関する登記）			
【順位番号】	【登記の目的】	【受付年月日・受付番号】	【権利者その他の事項】
1	所有権保存	平成 25 年 10 月 8 日 第 5600 号	所有者　（住所省略）　A
2	所有権移転仮登記	令和 5 年 1 月 8 日 第 156 号	原因　令和 5 年 1 月 7 日売買 権利者　（住所省略）　B
	所有権移転	令和 5 年 10 月 1 日 第 1576 号	原因　令和 5 年 1 月 7 日売買 所有者　（住所省略）　B
3	所有権移転	令和 5 年 2 月 10 日 第 600 号	原因　令和 5 年 2 月 10 日売買 所有者　（住所省略）　C
4	3 番所有権抹消	余白	甲区 2 番仮登記の本登記により 令和 6 年 10 月 1 日登記

下線が引かれている箇所は、
その登記内容が抹消されていることを示します

本登記の利害関係人には、承諾義務があります

不動産登記法 109 条にある「登記上の利害関係を有する第三者」（140 ページのケースではC）は、登記権利者が本登記することについて、承諾する義務があります。

20

名変登記

登記後に名字や住所が変わった場合は、どうする？

表示の不一致が登記前なら「更正登記」を、登記後なら「変更登記」を行います

人の住所・氏名、法人の事務所・名称を**表示**といいます。登記された権利の主体には何ら変更はなく、ただその表示に変更が生じる、または表示に誤りがあるときに申請する登記が**登記名義人表示変更（更正）登記**です。登記名義人の「名」と変更の「変」で、**名変登記**（めいへん）と呼ばれます。

たとえば、登記後に登記名義人が結婚して名字が変わったり、引っ越しをして住所が変わったりした場合に申請する登記です。

登記記録の表示と実際の表示との間の**不一致が登記の実行後**（登記の受付年月日後）に生じた場合は**変更登記**を、**不一致が登記の実行前**（登記の受付年月日前）に生じていた場合（登記されたときから住所または氏名が間違っていた場合）は**更正登記**を申請します。

所有権登記名義人の氏名もしくは名称または住所の変更登記申請の義務化

現行法上、住所変更登記等の申請は任意とされており、かつ、変更をしなくても大きな不利益がなく、転居等のたびに所有する不動産の変更登記をするのは負担でした。これらの理由から、所有権の登記名義人が住所等を変更してもその旨の登記がされないことが多く、所有者不明の不動産が発生する原因となっていました。そこで、**令和８年施行改正法**は氏名または名称および住所の変更の登記の申請に関して、次の２つの規律を設けました。

それは、①所有権の登記名義人の氏名もしくは名称または住所について変更があったときは、当該所有権の登記名義人は、その変更があった日から**２年以内**に、氏名もしくは名称または住所についての変更の登記を申請すること（改正法 76 条の 5)。また、②前記①の規定による申請をすべき義務がある者が正当な理由がないのにその申請を怠ったときは、**５万円以下の過料**に処する（改正法 164 条２項）というものです。

「登記名義人表示変更」の具体例

登記完了後の登記記録

【権利部（甲　区）】（所有権に関する登記）			
【順位番号】	【登記の目的】	【受付年月日・受付番号】	【権利者その他の事項】
2	所有権移転	平成2年8月24日 第3300号	原因　平成2年8月8日売買 所有者 川崎市宮前区菅生五丁目5番5号　北田　冬子
3	所有権移転	平成17年10月5日 第7000号	原因　平成17年10月1日売買 所有者 世田谷区上野毛二丁目2番2号　東田　梅子
付記1号	3番登記名義人住所変更	令和6年10月25日 第7200号	原因　令和6年10月15日住所移転 住　所 杉並区和田六丁目6番6号

申請の際、氏名や住所などの変更を証明する情報を添付

添付の「住民票」を見ることで、登記完了後に住所を移転したことがわかる

住　民　票

氏名	東田　梅子	昭和35年5月1日生	性別	女	続柄	世帯主	区民となった年月日 令和6年10月15日
住所	東京都杉並区和田六丁目6番6号		世帯主			東田梅子	
本籍	記載省略		筆頭者			記載省略	
令和6年10月15日　世田谷区上野毛二丁目2番2号から転入						令和6年10月20日 転居届出	

この写しは、住民票の原本と相違ないことを証明する。
令和6年10月25日

東京都杉並区長　　北　川　　信　　東京都杉並区長之印

ワンポイント

表示変更登記申請の義務（令和8年改正）

登記官が住民基本台帳ネットワークシステムまたは商業・法人登記のシステムから所有権の登記名義人の住所等の変更情報を取得し、不動産登記に反映させるため、登記官が職権登記をした場合は表示変更登記申請の義務は履行済みと取り扱われます（改正法76条の6）。

不動産登記総論

21 登記申請時に必要な添付情報とは？

申請した内容を証明するために、さまざまな添付情報（書面）が必要となります

登記申請の際には、申請情報（申請書）に法定（法令に定められていること）された添付情報（添付書面）を一緒に提出することが必要です。ここでは、この添付情報について、どのようなものがあり、なぜ添付が必要なのかについて説明します。

添付情報①　登記原因証明情報

権利に関する登記を申請する場合には、原則として**登記原因証明情報**を提供しなければなりません(不登61条)。登記原因証明情報とは、登記の原因(売買による所有権移転であれば「○年□月△日売買」と記載）を簡潔に証明したもので、申請人本人が作成することもありますが、通常は登記申請の代理人である司法書士が作成します。

登記原因証明情報に必ず記載する必要がある事項は、**当事者**、**物権変動の原因**、**日付**、**不動産の表示**、**義務者の署名**または**記名押印**です。

添付情報②　登記識別情報

共同申請の場合は、原則として登記義務者の**登記識別情報**を提供しなければなりません。登記識別情報とは、登記完了後に、新しく名義人になった人に対して、登記官が作成して通知する**12桁のパスワード**です。この制度は平成17年の不動産登記法改正により新設されました。

登記識別情報を提供する趣旨は、登記名義人であれば通常所持しているはずであるパスワード（登記識別情報）を、その人が義務者になって、権利者と共同して登記申請する際に提供させることで、**名義人である義務者本人が登記申請に関与**していることを確認するためです。一言で言うと、登記義務者の本人確認を確実にするために提供を要求するわけです。

たとえば、AからBへの所有権移転登記を共同申請するとします。その場合、申請時には**Aの登記識別情報の提供**が必要で、その登記完了後に登記官によって新たな登記識別情報が作成され、**Bに通知**されます。Aの提供する登記識別情報と、Bに通知される登記識別情報のパスワードは別のものになります。

なお、登記識別情報の通知を受けるべき人（この場合はB）が登記識別情報の通知を希望しない場合、あらかじめ申請情報にその旨を記載すれば、登記完了後に新しい登記識別情報は通知されません（105ページ図参照）。

添付情報③　印鑑証明書

所有権の登記名義人が共同申請の義務者となって申請する場合に、**義務者についての印鑑証明書の提供**が必要となります。

司法書士が代理しない本人申請の場合は、**申請情報**に押した義務者の印鑑が、代理申請の場合には**委任状**に押した義務者の印鑑が、印鑑証明書の印鑑と一致しなければなりません。

印鑑証明書を提供する趣旨は、登記記録上の名義人（義務者）以外の人がその人になりすまして、**虚偽の登記申請をすることを防止**するためです。義務者が申請情報、または委任状に押印した印鑑が、市町村長発行の印鑑証明書の印影と一致する場合、登録印（実印）は、通常本人しか持ち得ないものであることから、その印鑑を押したのは義務者本人であるという確認となります。

また、印鑑証明書の提供を所有権の登記名義人が義務者となる場合に限定したのは、所有権が物権の中でいちばん価値が高いため、虚偽の登記が出現した場合の被害を考え、**登記識別情報と印鑑証明書という二重のチェック体制**を取る必要があるためです。

なお、印鑑証明書には、作成後**3カ月以内のもの**という制限があります。

添付情報④　住所証明情報

住所証明情報は、**新たに所有権登記名義人が登場する登記を申請**する場合

(具体的には、所有権**保存**登記や、所有権**移転**登記、新たに登記名義人が登場する所有権**更正**登記を申請するとき）に提供が必要となります。

なぜ住所証明情報が必要なのかというと、申請情報に記載された住所がそのまま登記記録に登記されるため、申請情報の住所が虚偽の場合、登記記録上、所有権の登記名義人の現住所を知ることができないことになり、実務上非常に不都合だからです。また、この状態は、税金の賦課徴収という点からも望ましくありません。

住所証明情報は、自然人（人間のこと。「法人」に対比して使われます）の場合、主として市町村長発行の**住民票の写し**を用いますが、住民票コードを記載した場合には、住所証明情報の提供を省略することができます。

なお、住所証明情報には、作成後３カ月以内という制限はありません。

添付情報⑤　代理権限証明情報

代理権限証明情報とは、**代理人**によって登記申請をしようとする場合に、その**代理人の権限を証明**するために提供するもので、司法書士が申請代理人の場合は**委任状**が該当します。

委任状については、作成後３カ月以内のものという制限はありません。

添付情報⑥　代表者資格証明情報

法人が申請人のときに、本人申請では代表者から申請し、代理申請では代表者が司法書士に委任することになります。その際、本当にその人がその法人の代表者の資格（代表取締役など）を持っているのかを証明するために**代表者資格証明情報**（書面）の提供が必要になります。

ただし、登記された法人に関しては、原則として、申請情報に**会社法人等番号**を記載することが必要となり、登記官が商業登記・法人登記にアクセスし、申請時点の登記記録から代表者を確認します。そのため、申請情報に会社法人等番号を記載すれば、代表者の資格を証明する情報の提供は不要となります。

印鑑証明書の添付で虚偽の登記申請を防ぐ

委　任　状

私は、東京都豊島区池袋一丁目2番1号　司法書士 山田 太郎を代理人と定め、左の登記を所轄法務局に申請する一切の権限を委任します。

記

登記の目的　　所有権移転
原　　因　　令和6年10月10日売買
権 利 者　　東京都新宿区新宿一丁目1番1号　乙野　二郎
義 務 者　　東京都千代田区神田三崎町一丁目1番1号　甲野　一郎
不動産の表示　（略）

右代理委任状に捺印します。
令和6年10月10日

権利者　東京都新宿区新宿一丁目1番1号
乙　野　二　郎　（乙野）

義務者　東京都千代田区神田三崎町一丁目1番1号
甲　野　一　郎　（甲野一郎）

一致することが必要

印鑑登録証明書

氏　名	甲　野　一　郎		
生年月日	昭和22年10月26日	性別	男
住　所	神田三崎町一丁目1番1号		

この写しは，登録された印影と相違ないことを証明します。
令和6年10月2日

東京都千代田区長　　山　田　　孝　（東京都千代田区長之印）

ワンポイント

登記申請情報に押印する義務のある人は？

司法書士が代理人として申請する場合は司法書士に、申請人本人が申請する場合は申請人（権利者・義務者）に、登記申請情報への押印の義務があります。本人申請の場合は申請情報の義務者の印鑑、代理申請の場合は委任状に押された義務者の印鑑と、添付された義務者の印鑑証明書の印影とを照合することになります。

22

不動産登記総論

登記識別情報を添付できない場合は？

添付なしでも登記申請は可能です。その場合、登記官から登記義務者宛に事前通知されます

144ページで述べたように、**共同申請**で登記を行う場合、共同申請の義務者が**登記識別情報**を提供しなければなりません。では、それができない場合はどうなるのでしょうか。

事前通知によって義務者についての本人確認をする

その代表例としては、①**最初から通知されていない（不通知）**場合と、②**失念している**場合が挙げられます。いずれの場合でも原則として、申請を受理した登記官は、登記義務者（登記名義人）に対し、「当該申請があった旨」、および「当該申請の内容が真実であると思料するときは一定の期間内にその旨の申出をすべき旨」を通知することになっています。これを**事前通知**といいます（不登23条1項前段）。

具体的には、**登記義務者の登記記録上の住所**に宛て、「今回、あなたを義務者として、このような登記が申請されてきましたよ。間違いでなければ、登記所に対して間違いない旨の申出を、身に覚えがない場合は、間違いである旨の申出をしてください」という内容の書面を、**本人限定受取郵便**で通知するのです。この通知により、義務者になりすました人が登記に関与していた場合に、本物の義務者はそれに気がつくチャンスを与えられます。その結果、登記の真正担保（真実であることを保証すること）を図れるわけです。

そして、間違いである旨の申出があった場合、または一定期間内に間違いない旨の申出がなかった場合は、登記申請は却下されることになります。

なお、司法書士などの資格を持つ代理人が、義務者についての確認情報（本人に間違いないという人物保証書）を作成し、申請時に提供（提出）し、その内容を登記官が相当であると認めたときには、義務者についての上記の**事前通知を省略**できます。

登記識別情報通知

登記完了後、登記官が作成した「登記識別情報」（12桁のパスワード）が新しい名義人に通知される

登記識別情報通知

次の登記の登記識別情報について，下記のとおり通知します。

【不動産】　上尾市大字西門前８６番１

【不動産番号】　１２３４５６７８９０１２３

【受付年月日・受付番号（又は順位番号）】

令和6年7月20日　第3333号

【登記の目的】　所有権移転

【登記名義人】　乙　野　二　郎

（以下余白）

＊下線のあるものは抹消事項であることを示す。

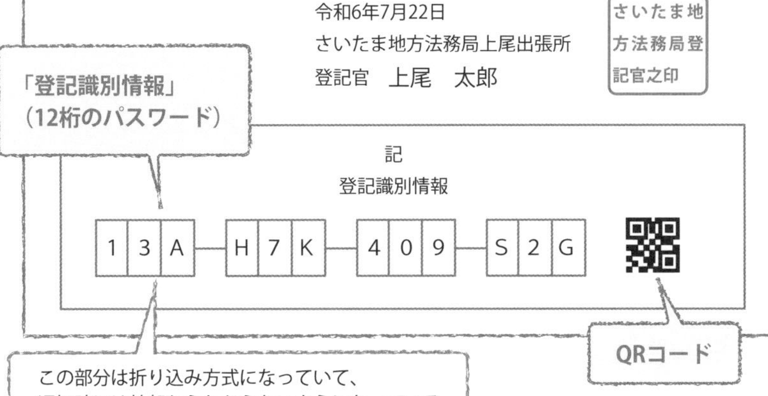

令和6年7月22日
さいたま地方法務局上尾出張所
登記官　上尾　太郎

さいたま地方法務局登記官之印

記
登記識別情報

1	3	A	—	H	7	K	—	4	0	9	—	S	2	G

ワンポイント

通知後に登記識別情報の再発行はできません！

登記識別情報を通知すべき人にいったん通知がなされた後は、登記識別情報を再作成（再発行）することはできません。

23 不動産登記総論

登記申請前に申請人が死亡してしまったら？

売主または買主と、その相手方の相続人が共同して登記申請をします

売買契約により所有権が移転した後、買主または売主が亡くなってしまった場合はどうするのでしょうか。ここでは、物権変動が生じた後に申請人が亡くなり、相続が開始した場合についての手続きを説明します。

売買契約で買主（権利者）が死亡した場合

売買による所有権移転後に買主が死亡した場合は、**売主**と**買主の相続人**が共同して、売主から死亡した買主への所有権移転登記を申請することになります（不登62条）。つまり、死亡した買主への移転登記を申請するということです。そして、この登記の後に相続人へ所有権移転登記を申請することになります。

このとき、売主から買主の相続人に直接、移転登記をすることはできません。「物権変動（物権の発生・変更・消滅のこと）が起こった場合は、動いた通りに登記記録に公示するべきである」という考えにより、死亡した買主への所有権移転の事実が存在する以上、それを省略することは許されないからです。

この場合の登記申請において必要な添付情報は、**相続人の身分を証明するための被相続人、および相続人の戸籍謄本**です（不登令7条1項5号イ）。

売買契約で売主（義務者）が死亡した場合

一方、売買契約により所有権が移転した後、売主が死亡した場合は、**買主**と**売主の相続人**が共同して、死亡した売主から買主への所有権移転登記を申請します（不登62条）。

この場合に必要な添付情報は、**相続人の身分を証明するための被相続人、および相続人の戸籍謄本**です（不登令7条1項5号イ）。

売主が死亡した場合の所有権移転登記

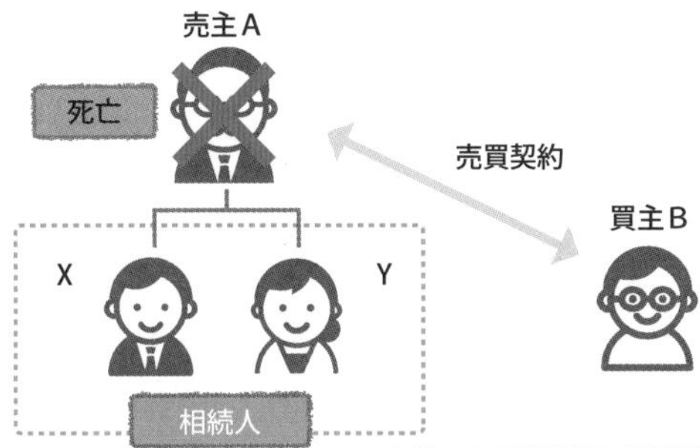

共同で申請

買主Bと、売主Aの相続人X・Yが共同で、死亡したAからBへの所有権移転登記を申請する

登記申請書

登記の目的	所有権移転
原因	令和５年10月10日売買
権利者	千代田区内幸町一丁目101番１号　B
義務者	千代田区神田三崎町二丁目102番２号 亡A相続人　X 千代田区神田三崎町三丁目103番３号 亡A相続人　Y
添付情報	登記原因証明情報　登記識別情報 印鑑証明書　住所証明情報 相続証明情報　代理権限証明情報
令和６年４月10日申請　東京法務局	
代理人	東京都新宿区新宿三丁目２番308号 司法書士　山田　太郎㊞ 連絡先電話番号　〇〇－〇〇〇〇－〇〇〇〇
課税価格	金1,000万円
登録免許税	金20万円
不動産の表示	（表示省略）

ワンポイント

義務者が死亡した場合の印鑑証明書はどうする？

義務者側（売買契約ならば売主）が死亡した場合、その所有権移転登記での義務者の印鑑証明書として、売主の相続人全員が委任状または申請書に押した印鑑についての印鑑証明書を添付します。

海野式・合格を確実にする「暗記」の３つのコツ

毎年、多くの受講生から寄せられる質問の中に、「暗記が苦手なので、暗記の仕方を教えてください」というのがあります。そこでこのコラムにおいて、私が考える「暗記」の３つのコツを公開したいと思います。

まず、第１点目のコツですが、「忘れることを恐れない」ことです。

ここで質問ですが、人は１つのことを、どれくらい覚えていられると思いますか？　これについては、出典は忘れましたが、一般的に、人間は１つのことについて、約２週間覚えていられるそうです。

たしかに、暗記が苦手と訴えてくる人に聞いてみても、「昨日覚えたことを、今日は忘れてしまう」というのではなく、「新しい科目の勉強に入ると、それまで勉強した科目の内容を忘れてしまう」というケースがほとんどです。これは人間の脳のメカニズムからすると当然のことで、いったん記憶すれば一生忘れないという人も中にはいるでしょうが、そういう人はごくまれなのです。

ですから、忘れてしまってもまったく心配する必要はありませんし、忘れてしまうことを恐れてはならないのです。これが私の考える「暗記のコツ」の第１点目です。

第２点目のコツは、２週間しか覚えていられないとわかっていても、「覚えるべき情報は、一度、しっかり記憶し、脳に刻みつける」です。「どうせ２週間しか覚えていられないんだから……」と適当に覚えるのではなく、いったん強烈に脳に焼きつけるのです。それができれば、たとえ忘れたとしても、次に見直したときに必ず思い出せます。

一方、忘れるに任せていては合格できません。ですから、第３点目のコツは、「最終的に、つねに覚えている状態にする」ことです。その具体的な方法は試験直前期の対策になります。それについては188ページのコラムで改めて紹介します。

第3章

会社法

会社法総則

01 会社とは？

会社法に準拠して設立された営利を目的とした社団法人です

「私は会社勤めだ」「会社を辞めて起業した」など、日々の生活で何げなく使っている**会社**という言葉。では、改めて「『会社』とはいったい何か？」と尋ねられたら、きちんと答えられますか？

ここでは、私たちの社会に深い関わりのある「会社」について見ていきましょう。

「会社」の定義とは？

会社とは、**会社法**に準拠して設立された**営利を目的とする社団法人**で、**株式会社、合名会社、合資会社、合同会社**の４種類に分けられます（会社法〈以下、会社〉２条１号)。さらに、合名会社、合資会社、合同会社の３つをまとめて**持分会社**といいます。

なお、「有限会社」は平成18年の商法・会社法改正後は新たに設立することができなくなりました。ただし、この改正では、現在ある有限会社については、商号は「○○有限会社」のまま、**法律的には株式会社**として取り扱われるとしています。これを**特例有限会社**といいます。

社団とは、**人の集まり**のことです。**法人**とは、その構成員とは別個の人格を持つということです。そのため、会社自身が所有権の主体となったり、債権・債務を取得したりすることができます。別個の人格ですから、会社が貸金債務を負ってもその構成員（**株主**）は弁済の責任を負いません。

営利性とは、①**対外的活動によって収益の増大を図る**こと、および②**収益を構成員に分配**することを指し、その両方が備わらなければ営利目的とはいえません。なお、株式会社において、②は**剰余金の配当**という形で構成員に分配されます（178ページ参照)。

会社法でいう「社員」とは出資者のこと

会社の構成員のことを**社員**といいます。社員は、必ず会社に対して出資が必要なので**出資者**と表現することもあります。ちなみに、「正社員」「派遣社員」というときの「社員」とは従業員の意味で、ここでいう社員とは異なります。**株式会社の社員は「株主」と呼ばれます**。

会社が債務を負う場合、社員が会社債権者に対して直接に弁済の責任を負う場合を**直接責任**といいます。一方、会社に出資した財産が最終的に債権者への弁済に充てられるという意味で社員が責任を負っている場合を、**間接責任**といいます。

社員が、直接または間接に責任を負う場合、その責任に限度がある（会社への出資額を限度としている）場合を**有限責任**、会社に債務がある限り責任を負わされる（会社への出資額を限度としていない）場合を**無限責任**といいます。

株式会社の社員の責任は、**間接かつ有限責任**です。よって、会社が債務を負っている場合、社員は、会社債権者から直接請求されたり、強制執行されたりすることはなく、出資を完了している限り、会社債権者から追加出資を求められることもありません。

そのため、株主は会社に出資する際のリスクの限度をあらかじめ想定できるので、出資がしやすいということになります。

株主の地位は、保有する株式の数で決まる

株式会社の特徴としては、①**社員の地位を「株式」によって表している**こと、②**社員の責任が「間接・有限責任」**であること、③**資本金制度を採用**していることが挙げられます。

会社の社員としての地位を**社員権**といいます。社員としての地位を持っていることにより、その地位を持たない人と比較して、さまざまな権利を取得し、義務を負うことになります。

たとえば株式会社の社員としての地位を持っている場合、株主総会における議決権や剰余金配当請求権を取得することができます。この株式会社の社

員権のことを**株式**といいます。

株式は、**細分化された均等な割合的単位の形**を取っており、その**最小の単位が１株式**です。あらかじめ１株式を持っている場合に与えられる権利の内容を決めて、この何倍の株式を持っているかで、その持主（株主）の権利の内容が決まります。そのため、その株主が何株式保有しているかによって、その取扱いは変わることになります。

こうすることで、その株主がどのような属性を持つ人なのか（創業者一族なのか、ライバル企業の関係者なのか、など）をいちいち気にする必要がなくなり、単に保有株式数だけで判断すればよいということになります。つまり、**社員の地位から「個性」を喪失させ、多数の株主が容易に会社に参加し得るようになる**、ということです。

なお、株式を取得するには、必ず出資をしなければなりません。

資本金制度とはどのような制度か？

株式会社は、必ず**資本金制度**を採用しなければなりません。資本金とは、会社財産を確保するための基準となる、計算上の一定の計数をいいます。

たとえば、資本金１億円の株式会社であれば、会社の中に常時１億円以上の財産の存在が要請されます。

ただし、必ずしも現金で１億円を保有している必要はなく、**１億円に相当する財産が現実に会社に存在すればよい**ということです。会社の財産は日々変動するものですが、その中でつねに１億円に相当する財産が会社にプールされている必要があるわけです。これを**資本維持の原則**といいます。

コップと水にたとえるならば、コップが資本金額とすると、そこに入る水は現実にある会社財産となり、資本維持の原則とは、コップの中の水をつねにコップの縁までいっぱいにしておく必要があるという原則です。

なお、「コップの中の水が、つねにいっぱいであればよいのでしょう」ということで、コップ自体の大きさ（資本金額）を勝手に小さくすることができるのでは意味がありません。そのため、資本金額を自由に小さくすることは禁止されています。これを**資本不変の原則**と呼びます。

「社員権」には、さまざまな権利と義務がついてくる

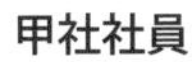

社員としての各種権利を持つ
- ●株主総会における議決権
- ●剰余金配当請求権　……etc.

保有株式数によって、株主の権利は異なる

甲株式会社

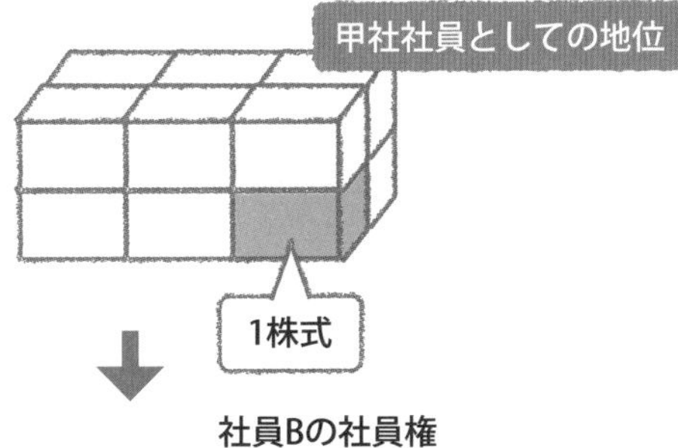

社員Bの社員権

× 50個

社員Aの社員権

× 1個

Bに与えられる権利は、
Aに与えられる権利の50倍となる

ワンポイント

持分会社の社員権は「持分」と呼ばれます

「株式会社」の社員権は「株式」と呼ばれ、「持分会社」（154ページ参照）の社員権は、「持分」と呼ばれます。株式はひとり何個でも保有できるのに対して、持分は社員１人につき必ず１個となります。そのため、持分の数により社員の取扱いを差別化することができず、その社員の備えている属性に着目して取り扱わざるを得ません。

株式会社

株式会社はどう設立する？

設立方法には、「発起設立」と「募集設立」の2パターンがあります

株式会社はどのように設立するのでしょうか。

株式会社の設立方法には、**発起設立**（ほっき）と**募集設立**の２種類があります。

発起設立とは、発起人が**設立時発行株式の全部を引き受け**て設立する方法です（会社25条1項1号）。

募集設立とは、発起人が**設立時発行株式を引き受ける**ほか、**設立時発行株式を引き受ける人の募集**をする方法です（会社25条1項2号）。

発起設立の手続きの流れ

発起人とは、会社設立の主宰者・企画者として、**定款**に署名・記名押印または電子署名した人をいいます（会社26条）。

発起人は、最低1人必要で、設立時発行株式を**1株以上**引き受けなければなりません（会社25条2項）。発起人が作成した定款は、**公証人の認証**を受けなければ、その効力を生じません（会社30条1項）。

発起人は、**出資の履行が完了した後**、遅滞なく**設立時取締役**などの役員を選任することが必要です（会社38条1項、2項）。設立時取締役などの役員は必ずしも発起人の中から選任する必要はありません。そして、設立しようとする株式会社が**取締役会設置会社**（174ページ参照）である場合には、設立時取締役の中から設立時代表取締役を選定しなければなりません（会社47条1項）。

なお、設立しようとする会社が**取締役会非設置会社**である場合には、原則として、設立時取締役全員が設立時代表取締役となります（会社349条1項）。

そして、設立時取締役等が設立手続きについて調査をした後、**本店の所在地での設立の登記**をすることによって、株式会社は成立します（会社49条）。

「定款」の絶対的記載事項

❶ 目的（会社27条１号）

❷ 商号（会社27条２号）

❸ 本店の所在地（会社27条３号）

❹ 設立に際して出資される財産の価額、またはその最低額（会社27条４号）

❺ 発起人の氏名、または名称、および住所（会社27条５号）

「発起設立」の手続きの流れ

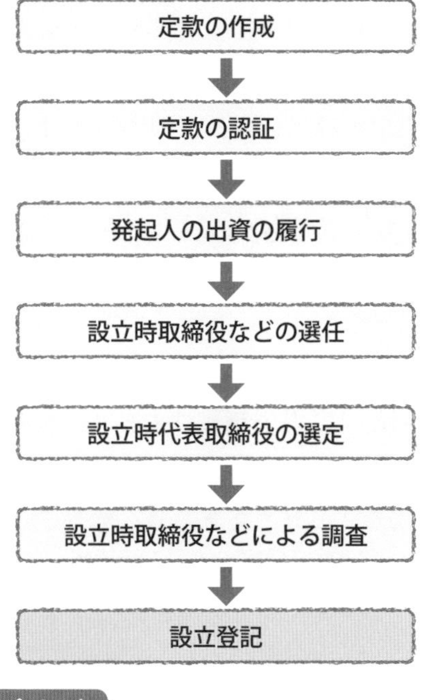

会社設立を主宰する発起人のみで設立が可能であるため「発起設立」が圧倒的に多いのが現状です

ワンポイント

設立時取締役や設立時代表取締役の選任で必要とされる議決権は？

発起設立での設立時取締役などの選任は、発起人の議決権の過半数で決定します（会社 40 条１項）。議決権は、発起人が出資の履行をした設立時発行株式１株につき１個です（会社 40 条２項）。設立時代表取締役の選定は、設立時取締役の過半数で決定します（会社 47 条３項）。

株式会社

株式は好きなだけ発行できる？

会社は定款で定めた「発行可能株式総数」の範囲内でしか株式を発行できません

株式会社は株式を何株でも発行することができるわけではありません。株式会社は定款に**発行可能株式総数**を定め、**この範囲内でしか株式を発行することができない**のです。

発行可能株式総数とは、株式会社が発行できる株式の**最大数・最大値**のことで、何種類かの**種類株式**（この項の後半で解説します）を発行する会社であっても、必ずこの発行可能株式総数の範囲内で株式を発行しなければなりません。なお、設立時に発行可能株式総数すべてを発行することはまれで、通常は発行可能株式総数のうちの一部のみ発行していくことになります。

種類株式とは？

株式会社は、**定款に定めることで異なる種類の株式を発行**することができます（会社 108 条 1 項、2 項)。これを**種類株式**といいます。異なる種類とは、たとえば会社が A 種類株式と B 種類株式の 2 種類の株式を発行する場合に、「A 種類株式は、B 種類株式より剰余金を多く配当してもらえるが、株主総会における議決権の行使ができない」「B 種類株式の株主は、その有する B 種類株式を会社に取得してもらうよう請求できる」という具合です。

種類株式を発行するためには、その種類株式の内容、および**発行可能種類株式総数**を定款に定めなければなりません。

発行可能種類株式総数とは、**種類株式を発行する会社において定めることが必要となる、種類株式ごとの発行できる最大数・最大値**です。たとえば、発行可能株式総数 1 万株で、発行可能種類株式総数が A 種類株式 6,000 株、B 種類株式 4,000 株であれば、A は最大で 6,000 株、B は最大で 4,000 株発行できることになります。そして A および B の発行済合計数は、発行可能株式総数 1 万株を超えることができません。

種類株式の定款記載例

定款で発行可能株式総数が１万株と定められていれば、種類株式の発行済合計数は、この数を超えることができない

定　　　　款

（前略）

第26条（発行可能株式総数）　当会社の発行可能株式総数は、１万株とする。

第27条（発行可能種類株式総数）Ａ種類株式は6,000株、Ｂ種類株式は4,000株とする。

第28条（種類株式の内容）　当会社の発行する株式の内容及び発行可能種類株式数は下に定める。

	A種類株式	B種類株式
剰余金配当	剰余金配当に際して、B種類株式に優先して1株につき年250円の剰余金の配当を受ける。	普通
株主総会における議決権の制限	株主総会において議決権を行使することができる事項はない。	制限なし
取得請求権の有無	なし	株主は、いつでも当会社に対してB種類株式を時価で取得することを請求することができる。

なお、「時価」とは、当該取得請求日に先立つ45取引日に始まる30取引日の株式会社東京証券取引所における毎日の終値の平均値をいう。

ワンポイント

単一株式発行会社と種類株式発行会社の違いとは？

１種類の株式のみ発行する会社を「単一株式発行会社」といい、２種類以上の種類株式を発行する会社のことを「種類株式発行会社」といいます。なお、単一株式発行会社は、発行可能株式総数のみ定め、発行可能種類株式総数について定める必要はありません。

株式会社

株式譲渡ができないケースとは？

原則、株式は自由に譲渡できますが、「譲渡制限株式」の場合は、会社の承認が必要です

株主は原則として、その有する**株式を自由に譲渡**することができます（会社 127 条)。この原則を**株式譲渡自由の原則**といいます。株式譲渡は株式会社の株主としての**地位の譲渡**であり、譲渡人は株主としての地位を失い、譲受人が株主となります。

株主は間接かつ有限責任（155 ページ参照）という限定された責任を負えばよいという関係上、株主になるために出資した財産については、原則として払戻しを受けることはできません。そのため、**株式譲渡をして譲受人から売却代金を得る**ことが、自分が投下した資本（経済的出費のこと）を回収する主たる方法になります。

では、株式はどのように譲渡されるのでしょうか。

株式市場に上場している株式会社の株式については、証券会社を通じて証券取引所で売買されます。上場していない株式会社の株式の場合は、**株券**を発行しているかどうかで異なります。

株券を発行している会社（**株券発行会社**といいます）の株式の譲渡は、その株式に関わる**株券を交付しなければ、その譲渡の効力を生じません**（会社 128 条 1 項本文)。それに対して、株券を発行していない会社の株式の譲渡は、**当事者の意思表示のみで譲渡の効力が生じます**。

株式を自由に譲渡できない場合がある

定款において、「株式を譲渡により取得する場合には、会社の承認を必要とする」という旨を定めることができます。こうした定めがされた株式のことを**譲渡制限株式**といいます。これは会社にとって不都合な人が株主になってしまうことを防ぐための方法です。会社が発行する株式の全部が譲渡制限株式の場合、この会社を**非公開会社**といいます。

公開会社と非公開会社の「定款」記載例

公開会社

パターン1

株式の譲渡制限についての記載がない

定　　　款

株式の譲渡制限についての規定は一切なし

パターン2

発行する株式の一部に譲渡制限があることを示す記載あり

定　　　款

第30条　当会社は第○条に規定するとおり、ＡＢＣＤ合計４種類の株式(種類株式)を発行することができ、そのうち，Ｂ種類株式を譲渡により取得するには、取締役会の承認を要する。

非公開会社

発行する株式の全部に譲渡制限があることを示す記載あり

定　　　款

第1条（商号）　当会社は、甲商事株式会社と称する。
第2条（目的）　当会社は，以下の事業を営むことを目的とする。
1．食料品の販売
2．前号に附帯する一切の事業
(中略)
第30条　当会社の株式を譲渡により取得するには取締役会の承認を要する。

非公開会社は
非上場会社であり、
株主の移動が乏しく、
株主相互の関係も緊密に
なりやすいという
特徴があります

ワンポイント

譲渡制限なしの株式を一部でも発行できれば、「公開会社」になります

譲渡制限株式を１株も発行しない会社、または一部の種類株式は譲渡制限株式で、それ以外の種類株式は譲渡制限株式ではない場合を「公開会社」といいます。つまり、発行する株式のうち、譲渡による株式の取得について株式会社の承認を要しない株式が一部でもあると、その会社は公開会社となるのです。

株式会社

株式の併合・分割のメリットとは？

「併合」は株主の管理コスト削減につながり、「分割」は株式の流通性を高めます

株式の併合とは、**数個の株式を合わせて、それよりも少数の株式とする**ことです（会社180条1項）。たとえば、2株を1株に併合する、10株を2株に併合するなどです。株式併合の場合、**会社財産は減少せず、発行済株式総数のみが減少**するので、1株当たりの**価値（株価）は上昇**することになります。

また、株式併合によって株主数が減ることが多く、株主管理コスト（株主総会の招集通知発送コストなど）の削減につながります。株式の単位（株価）が小さすぎると、一般投資家が参入しやすく、少数の株式しか有さない株主が増えて、結果として株主総数も増えます。そこで、たとえば50株を1株に併合すれば、50株未満の株式しか持たない株主は、1株に満たなくなり、金銭を交付することによって追い出すことができます（会社235条）。その結果、その株主に従来かかっていた管理コストは以後不要になり、コストを減らすことができるのです。

なお、株式の併合をする場合、その都度、**株主総会の特別決議**（172ページ参照）によって、必要事項を定めることになります（会社180条2項、309条2項4号）。

株式分割により株価を下げられる

株式併合とは反対の**株式の分割**があります。これは、**資本金の額を増加させずに発行済株式の総数を細分化して増加させる**ことです。たとえば、1株を10株に分割するなどです。株式分割を行うことにより、**株価を下げる**ことができ、株式の流通性を高めることができます。

株式の分割をする際は、その都度、**株主総会の普通決議**（172ページ参照。なお、**取締役会設置会社にあっては取締役会の決議**）によって、必要事項を定めることになります（会社183条2項）。

株式の併合と分割

甲株式会社が10株を1株に併合
(甲株式会社の株主がＡ１人の場合)

10株: 株式 株式 株式 株式 株式 株式 株式 株式 株式 株式 → 1株: 株式

	10株	$\frac{1}{10}$ → 1株
発行済株式総数	1万株	1,000株
純資産額	1億円	1億円
1株の株価	1万2,000円	12万円
株主Aが保有する株式の時価総額	1億2,000万円	1億2,000万円

株主Aの持っていた経済的価値
は株式併合によって変わらない

甲株式会社が１株を２株に分割
(甲株式会社の株主がＡ１人の場合)

1株: 株式 → 2株: 株式 株式

	1株	２倍 → 2株
発行済株式総数	1万株	2万株
純資産額	1億円	1億円
1株の株価	1万2,000円	6,000円
株主Aが保有する株式の時価総額	1億2,000万円	1億2,000万円

株主Aの持っていた経済的価値
は株式分割によって変わらない

ワンポイント

併合には、どうして株主総会の特別決議が必要？

株式の併合の場合、１株に満たない端数が生じることがあります。その株主は金銭の交付を受けることはできますが、結局のところ、会社から閉め出されることになり、会社とその株主との間には重大な利害関係が生じます。そのため、株式併合の決議要件は、株主総会の「普通決議」ではなく、「特別決議」となっているのです。

株式会社

06 2つの募集株式発行方法とは？

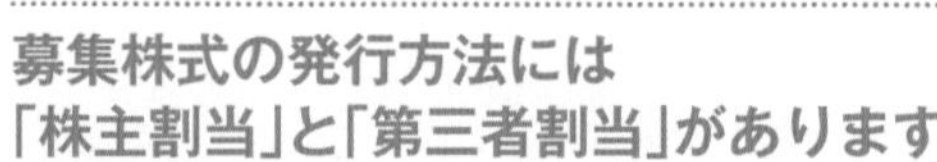

募集株式の発行方法には「株主割当」と「第三者割当」があります

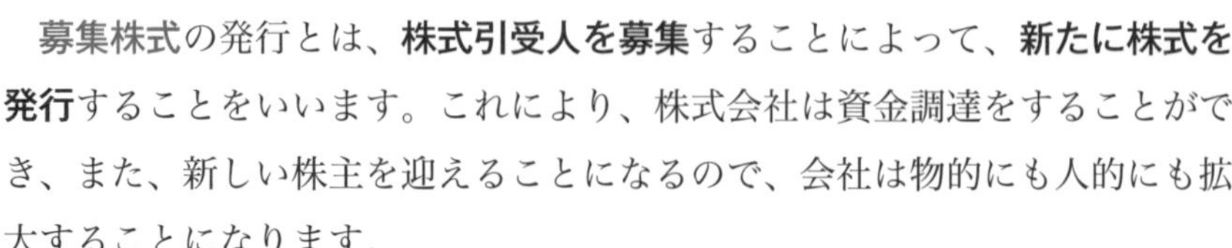

募集株式の発行とは、**株式引受人を募集**することによって、**新たに株式を発行**することをいいます。これにより、株式会社は資金調達をすることができ、また、新しい株主を迎えることになるので、会社は物的にも人的にも拡大することになります。

募集株式の発行方法は、２種類あります。既存の株主に対して、その持株数に応じて募集株式の割当を行う場合を**株主割当**、そうでない場合を**第三者割当**といいます。なお、株主にのみ募集株式を割り当てる場合であっても、**株主の持株数に応じていなければ第三者割当になる**ことに注意が必要です。

第三者割当の場合、既存株主の持株比率が低下する

第三者割当による募集株式の発行を行う場合、既存の株主はその**持株比率**（その会社の議決権総数における自己の議決権の比率）が低下することになります。

既存の株主にとってそのことは、会社に対する自己の影響力が低下することを意味しますので、できれば避けたい事態です。

とくに、株式の全部に譲渡制限規定がある非公開会社（162 ページ参照）では、持株比率が低下した既存株主は、それを回復するためにこの会社の株式を取得しようとしても、譲渡による株式取得の承認が必ず下りるとは限りません（承認されたとしても、そもそも承認を得る手続きが煩雑です）。

そこで原則として、非公開会社における第三者割当の募集事項の決定は、**株主総会の特別決議**（172 ページ参照）によることが必要となります（会社199 条２項）。なお、募集株式の引受人が株主になるのは、払込期日を定めた場合にはその**払込期日**、払込期間を定めた場合には**出資の履行をした日**となります（会社 209 条１項１号、２号）。

「株主割当」の効果

発行済株式総数が500株の会社（株主ABのみ）で、
株主割当により、50株の募集株式の発行をする場合

既存の株主に対し、持株数に応じて割当

株主A

300株（持株比率60%）

330株（持株比率60%）

株主B

200株（持株比率40%）

220株（持株比率40%）

株主ＡとＢの持分比率はそのまま

「第三者割当」の効果

発行済株式総数が500株の会社（株主AB）で
Cに300株、第三者割当により株式を割り当てる場合

株主Ｃに新たに株式が割り当てられることでＡとＢの持分比率は低下する

株主A

300株（持株比率60%）
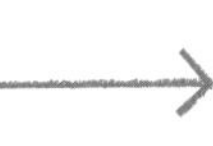
300株（持株比率37.5%）

株主B

200株（持株比率40%）

200株（持株比率25%）

第三者割当で新たにCに株式を割り当てる

株主C

300株（持株比率37.5%）

ワンポイント

募集株式の発行で資本金の額は増加する？

募集株式の発行により、原則として、払い込まれた金銭などの合計額分、資本金の額は増加します。ただし、例外として当該合計額の２分の１を超えない金額については、資本金に計上せず、「資本準備金」として計上できます。

07 株式会社

新株予約権の機能とは？

資金調達や従業員のモチベーション向上、敵対的買収の防衛策などへの効果が期待できます

新株予約権とは、株式会社に対してこの権利を行使することによって、**その会社の株式の交付を受けることができる権利**のことです（会社２条21号）。新株予約権者が株式会社に対してこれを行使したとき、会社は**新株予約権者に対し株式を発行**するか、またはこれに代えて**会社の有する自己株式を移転する義務**を負います。つまり新株予約権とは、行使することにより株式を取得することができる**潜在的株式**ということになります。

新株予約権の３つの大きな機能

新株予約権の機能としては、１つ目が**会社の資金調達手段**になる、ということです。

たとえば甲株式会社の株価が１万円のときに、将来7,000円を払い込めばこの会社の１株を取得できる新株予約権を5,000円で発行したとします。もしこの会社の株価が１万5,000円に上昇したならば、そのとき新株予約権を行使すれば、新株予約権者は、１万2,000円（5,000円＋7,000円）の出費で、１万5,000円の株式を取得できることになります。

つまり、これは投資家にとって、うまくいけば大きなリターンが期待できる金融商品であることから、多数の購入が期待できます。その結果、会社は資金調達がしやすくなるのです。

現在の会社の規模や信用不足から、金融機関からの融資が望めなくても、将来の可能性を投資家にアピールできれば、この新株予約権の発行によって会社は資金調達が可能になります。

新株予約権の２つ目の機能は、いわゆる**「ストックオプション」としての利用**です。株価が5,000円の段階で、会社の取締役や従業員等に、将来7,000円を払い込めば、この会社の１株を取得できる新株予約権を無償で付与したとします。そして、新株予約権の付与を受けた人は、会社の業績を向上させるために努力をし、その結果、株価が１万円に上昇したとします。

新株予約権者がこれを行使し、7,000円を払い込んで株式を取得すると、この人は１株につき3,000円（１万円－7,000円）の利益（キャピタルゲイン）を得ることができます。つまり、新株予約権が、業績向上に貢献したことに対する従業員などへのインセンティブとしての役割を果たすのです。

また、新株予約権を与えられた従業員は、通常、その会社を退職するとその権利を行使できなくなります。そのため、有能な従業員の引き留めにも利用することができるわけです。さらに、このストックオプション制度を上手に利用できれば、有能な人材の獲得にも活用できます。

３つ目の機能が、新株予約権は、**敵対的企業買収に対するポイズンピル（毒薬条項）としての利用も可能**なことです。ポイズンピルとは、買収防衛策のひとつで、たとえば、既存の株主（とくに会社創業者一族など）に、「敵対的な株の買収によって買収者が一定の議決権割合を取得した時点で、市場価格より安い価格を払い込めば株式を取得できる」という条件の新株予約権を発行する、というものです。

そして、敵対的買収者が株を買い進めたら、ただちに新株予約権を行使してもらい、それにより新規株式発行により発行済株式総数を増やし、買収者の議決権割合と保有株式の価値を下げる一方、買収にかかる総費用を上げるという仕組みです。

これにより会社は、買収者の意図をくじいて時間的な余裕を得ることができ、交渉が買収者のペースで一方的に進むことを阻止したり、ほかの友好的な買い手（「ホワイトナイト」といいます）と交渉を進めたりすることができます。

敵対的買収が行われることがわかった時点で発動されるので、**トリガー（引き金）条項**とも呼ばれます。

新株予約権と募集株式はどう違う？

新株予約権は、先述の通り潜在的株式であることから、その発行手続きは募集株式の発行手続きとほぼ同じとなります。具体的には、既存の株主に対して、その持株数に応じた新株予約権の割当を行う**株主割当**と、そうではない**第三者割当**とに分かれるわけです（166ページ参照）。

一方、募集株式との相違は、新株予約権発行時に**有償で発行する場合**（新株予約権を取得するにあたり、払込みが必要な場合）と、**無償で発行する場合**（新株予約権を取得するにあたり、払込みが不要な場合）とに分かれる点です。

会社が金融商品として売り出して資金調達のために新株予約権を発行する場合は**有償**発行で、従業員に対してストックオプションとして発行する場合は、通常、**無償**で発行することになります。なお、ポイズンピルとして発行する場合は、有償発行と無償発行のいずれの場合も考えられます。

なお、気をつけなければならない点は、発行時に無償発行が可能でも、**新株予約権を行使する際には、必ず有償でなければならない**ということです。新株予約権者が、新株予約権の行使により株式を取得する際、必ず払込みが必要なのです。この点は、募集株式の発行で株式を取得する場合と同じです。

新株予約権を譲渡する場合は……

新株予約権も株式と同様に譲渡することができます。**新株予約権証券**を発行している場合の譲渡では、その新株予約権に関わる**新株予約権証券を交付しなければ、その効力を生じません**（会社255条1項本文）。それに対して、新株予約権証券を発行していない場合は、**当事者の意思表示のみで譲渡の効力が生じます**。

また、新株予約権についても**譲渡制限を設けることが可能**です。つまり、「新株予約権を譲渡により取得する場合には、当該会社の承認を必要とする」という旨を定めることができるということです。

なお、株式の場合は譲渡制限規定を定款に定めることが必要でしたが、新株予約権の場合は、その発行時に譲渡制限を定めるか否かを決定でき、定款に規定する必要はありません。

新株予約権の機能

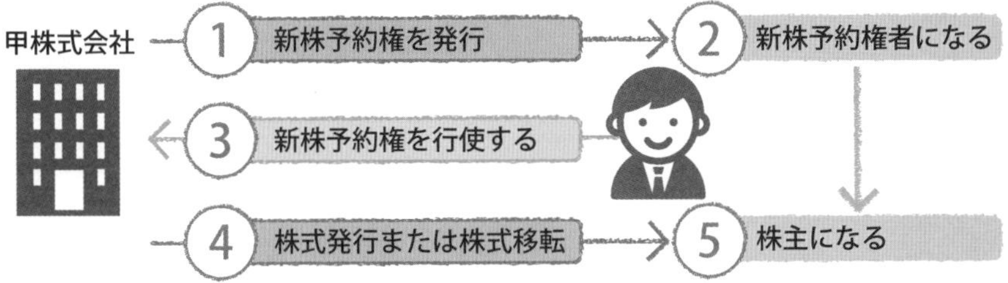

金融商品としての新株予約権

一般投資家Aが、甲株式会社の株価が1,000円のときに、将来700円を払い込めば、この会社の１株の発行を受けられる権利（新株予約権）を500円で購入した場合

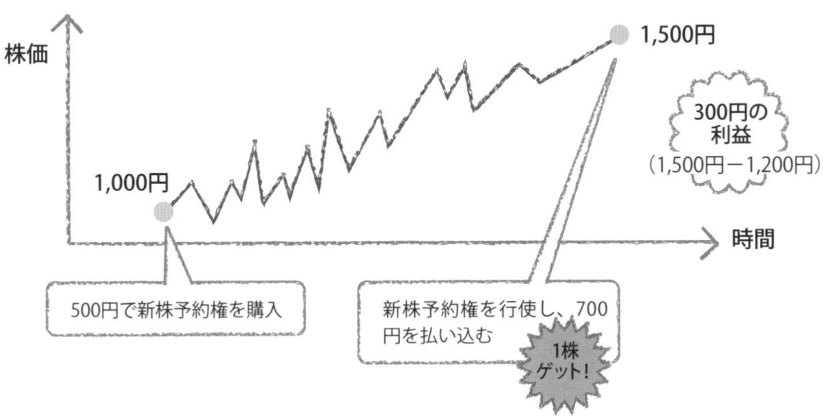

ワンポイント

新株予約権と募集株式の発行手続き上での違いは？

新株予約権は潜在的株式であることから、その発行手続きは、募集株式の発行方法（166ページ参照）とほぼ同様です。ただし、新株予約権の場合、発行時に有償発行と無償発行があり、すべてが有償発行の募集株式とは、その点で異なります。

株式会社

株主総会の決議方法のルールとは？

決議方法には、「普通決議」「特別決議」「特殊決議」の３つがあります

株主総会は、株主によって構成される株式会社の、**最高かつ必要的機関**です。個々の株主は機関ではありませんが、株主が法定（法令に定められていること）の招集手続きを経て集合することにより、その集団は株主総会となり、株式会社の最高機関として意思決定することができるのです。つまり、株主総会は常設機関ではないのです。

株主総会は、**定時株主総会**と**臨時株主総会**に分かれます。定時株主総会は、**毎事業年度の終了後一定の時期に招集**しなければならず（会社 296 条１項）、それに対して、臨時株主総会は、**必要がある場合にはいつでも招集**することができます（会社 296 条２項）。

株主総会の３つの決議方法

株主総会には、大きく分けて３つの決議方法があります。

ひとつが、取締役などの役員の選任の際の決議要件（表決要件）である①**普通決議**です。これは、行使することができる議決権の**過半数**を有する株主が出席し（議決に必要な出席数のことを**定足数**といいます）、出席したその株主の議決権の**過半数**をもって決議されます（会社 309 条１項）。

また、株式の併合など、株主に重大な影響を与える事項を決定する際などは、②**特別決議**が決議要件になっています。これは、行使することができる議決権の**過半数**を有する株主が出席し、決議には出席したその株主の議決権の**３分の２以上**に当たる多数が必要です（会社 309 条２項前段）。

さらに、株式譲渡制限規定を設定する定款変更の際の決議要件である③**特殊決議**は、議決権を行使することができる**株主の半数以上**であって、その株主の議決権の**３分の２以上**に当たる多数をもって行います（会社 309 条３項）。

株主総会における3つの決議

決議の種類	定足数	決議要件	主な決議事項
普通決議 （会社309条１項）	**行使できる議決権の過半数** （定款による変更が可）	**出席した株主の議決権の過半数**	・取締役·監査役·会計監査人の選任決議 ・取締役·会計監査人の解任決議 ・取締役会非設置会社の株式分割決議
特別決議 （会社309条２項）	**行使できる議決権の過半数** （定款による変更が可。ただし、1/3未満に下げることは不可）	**出席した株主の議決権の2/3以上** （定款で、一定の数以上の株主の賛成を要する旨や、その他の要件を定めることが可）	・定款変更決議 ・株式併合決議 ・監査役の解任決議
特殊決議 （会社309条３項）	なし	**議決権を行使できる株主の半数以上** かつ **その株主の議決権の2/3以上** （どちらも、定款による変更が可）	・株式譲渡制限規定の設定

特殊決議では、
賛成する株主の
「頭数（人数）要件」を
課している点が特徴です

ワンポイント

特殊決議のチェック手順

特殊決議のチェック手順は次の通りになります。

① 議決権行使可能な株主の議決権総数を確認する
（総会に出席したか否かを問わない）

② ①の議決権総数の 2/3 を計算して、今回の賛成議決数がそれ以上あるかを確認する (2/3 以上なければ決議は不成立)

株式会社

取締役と取締役会の役割とは？

取締役会設置か否かで、取締役の役割は大きく異なります

取締役は株式会社の**必須機関**であり、株式会社には、**１人**または**２人以上**の取締役を置かなければなりません（会社326条1項）。また、**取締役会設置会社**においては、**３人以上**でなければなりません（会社331条5項）。なお、この規定を守っているならば、定款をもって最高・最低員数を定めてもかまいません。

取締役は**株主総会の普通決議**によって選任されます（会社329条1項）。そして、株式会社と取締役との関係は、**委任**に関する規定に従います（会社330条）。よって、株主総会で選任されたら自動的に取締役になるわけではなく、**取締役が就任の承諾をする**ことによって、会社との間で委任契約の関係が発生することになります。また、委任の関係であることから、**取締役はいつでも辞任することができます**。

取締役会設置会社と取締役会非設置会社の違い

定款で取締役会を置く旨の規定がある会社を**取締役会設置会社**といいます。この取締役会が設置されるか否かで、取締役の権限には大きな差が出ることになります。

取締役会設置会社ではない会社（**取締役会非設置会社**といいます）における取締役は、原則として**各自**が株式会社を代表する権限を持っています（会社349条1項本文、２項）。それに対して、取締役会設置会社においては、業務執行の意思決定は**取締役会**で行い、実際の業務執行は、**代表取締役**（会社363条1項1号）と**業務執行取締役**（会社363条1項2号）が行います。

なお、会社を代表して会社外部の人に対して意思表示等をする（**対外的業務執行**）のは、**代表取締役**となります（会社349条1項ただし書、362条２項3号・3項）。

◎「取締役会設置会社」での取締役・取締役会・代表取締役の関係

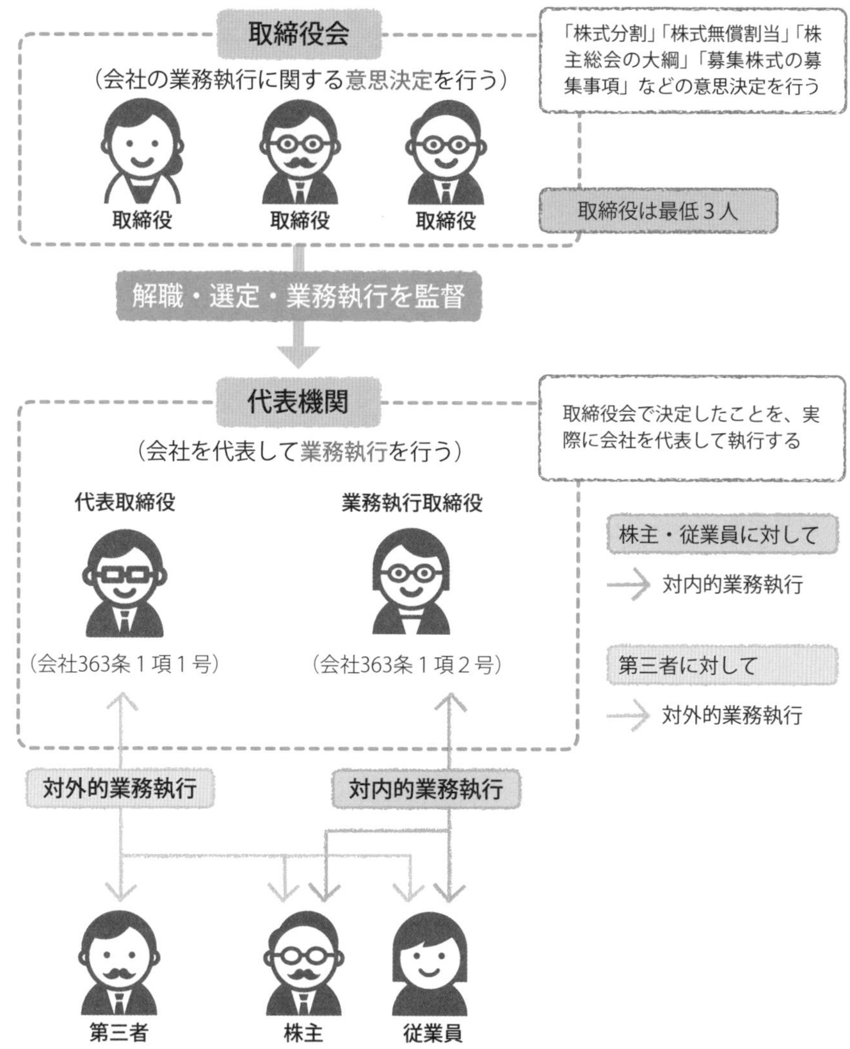

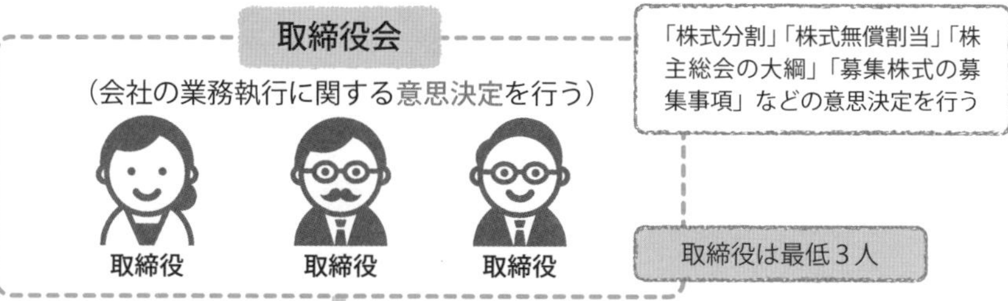

取締役会
（会社の業務執行に関する意思決定を行う）
「株式分割」「株式無償割当」「株主総会の大綱」「募集株式の募集事項」などの意思決定を行う
取締役
取締役
取締役
取締役は最低３人
解職・選定・業務執行を監督
代表機関
（会社を代表して業務執行を行う）
取締役会で決定したことを、実際に会社を代表して執行する
代表取締役
業務執行取締役
（会社363条１項１号）
（会社363条１項２号）
株主・従業員に対して
対内的業務執行
第三者に対して
対外的業務執行
対外的業務執行
対内的業務執行
第三者
株主
従業員

ワンポイント

取締役の任期を押さえておきましょう！

取締役の任期は、原則として、選任後２年以内に終了する事業年度のうち、最終の事業年度に関する定時株主総会の終結までとなります（会社 332 条１項本文）。

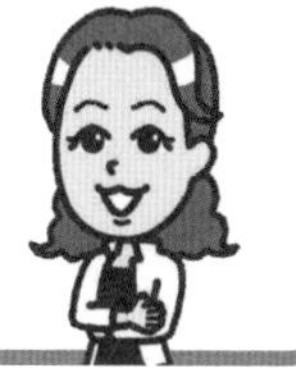

株式会社

10 監査役と会計監査人の違いとは？

監査役は内部の機関であり、会計監査人は外部の監査機関です

監査役と**会計監査人**は、会社法を学習する人にとって、その違いがわかりにくいかもしれません。監査役とは、一言で言うなら、**業務監査と会計監査をする機関**です。業務監査とは、取締役の職務執行を監査することで（会社381条1項前段）、会計監査とは会社の計算書類等を監査することです。

それに対して、会計監査人は、**会社の外部から計算書類などを監査する機関**です。なお、会計監査人は、**公認会計士**（外国公認会計士を含む）、または**監査法人**でなければなりません（会社337条1項）。

監査役はどんなことを監査するのか？

監査役の監査が業務監査と会計監査に分けられることは前述しましたが、業務監査とは具体的に、**取締役の職務執行が、会社法その他の法令を遵守しているか**について監査することです（**適法性監査**）。

その際、「監査」の名の下に、監査役自身が妥当と考える代案を取締役に示し、それに誘導することは認められていません。これは、監査役が職務執行の当否について経営責任を負わない以上、経営に対する無責任な介入を許すのは不合理であるという考え方によります。

一方、会計監査については、会計監査人が設置されているかどうかによって大きく異なります。

会計監査人が設置されていない場合は、監査役がもっぱら会計監査の職務を遂行することになり、自らの判断で計算書類などが会社の財産、および損益の状況を適正に表示しているかどうかに関する意見を、**監査報告**に記載することが求められます。一方、**会計監査人設置会社**においては、監査役は会計監査を行いますが、会計の専門家である会計監査人の監査を前提に、監査役はそれを補完する形になります。

監査役・会計監査人・会計参与の違い

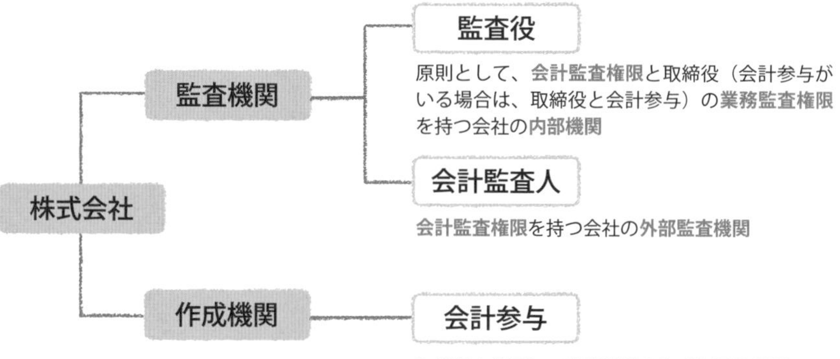

監査役の監査について

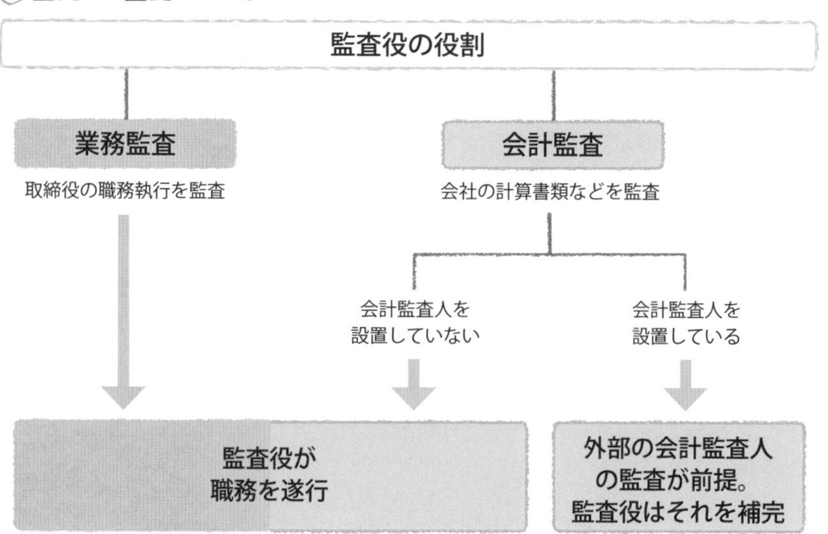

ワンポイント

専門家である会計監査人は信頼することが可能

会計監査人設置会社において、監査役は会計監査人の専門性を信頼することが許されています。そのため、疑うべき事情がない限り、監査役は会計監査人の適正意見がついた計算書類などを監査するにあたって、原則として会社に対する「任務懈怠（けたい）責任」（任務を怠った場合に、その損害を賠償する責任）は生じないと解されています。

11 株式会社

会社の財産はどう計算するのか？

「資本金＋準備金」が会社の財産の枠組みです

株式会社の特質として、資本金制度を採用するということはすでに学習しましたが（156ページ参照）、資本金の額はどうやって決まるのでしょうか。

株式会社の資本金の額は、会社法に別段の定めがある場合を除いて、設立または株式の発行に際して、**株主となる人がその株式会社に対して払込み、または給付をした財産の額**とされます（会社445条1項）。

なお、上記の払込みまたは給付に関わる額の**2分の1を超えない額**は、資本金として計上しないことができる、と認められています（会社445条2項）。たとえば、設立時に1株1万円の払込価額で、合計1,000株発行した場合には、設立時の資本金の額は1,000万円となるのが原則ですが、1,000万円中、500万円までは資本金に計上しないことができる、ということです。

ただしこの場合、資本金として計上しないことにした額は、**資本準備金**として計上しなければなりません（会社445条3項）。

この資本準備金も、資本金同様、資本準備金○円とうたった以上、その金額に相当する何らかの財産が会社の中に存在することが求められます。ただし、資本金と同じく、一定の金額で表されるものの、つねに現金で保有している必要はありません。

コップからあふれた「水」＝剰余金

最終の事業年度末における株式会社の**純資産（資産総額－負債総額）**を「水」に、「会社財産はこれだけあるべきだ」という財産額の枠組み（資本金＋準備金）を「コップ」にたとえると、水をコップに注いだ場合の結果は右ページの3パターンに分かれます。

株主に現金その他の財産を交付することを**剰余金の配当**といいますが、この財源は、「コップからあふれた水」（**剰余金**）となります。

財産額の枠組みと純資産の関係

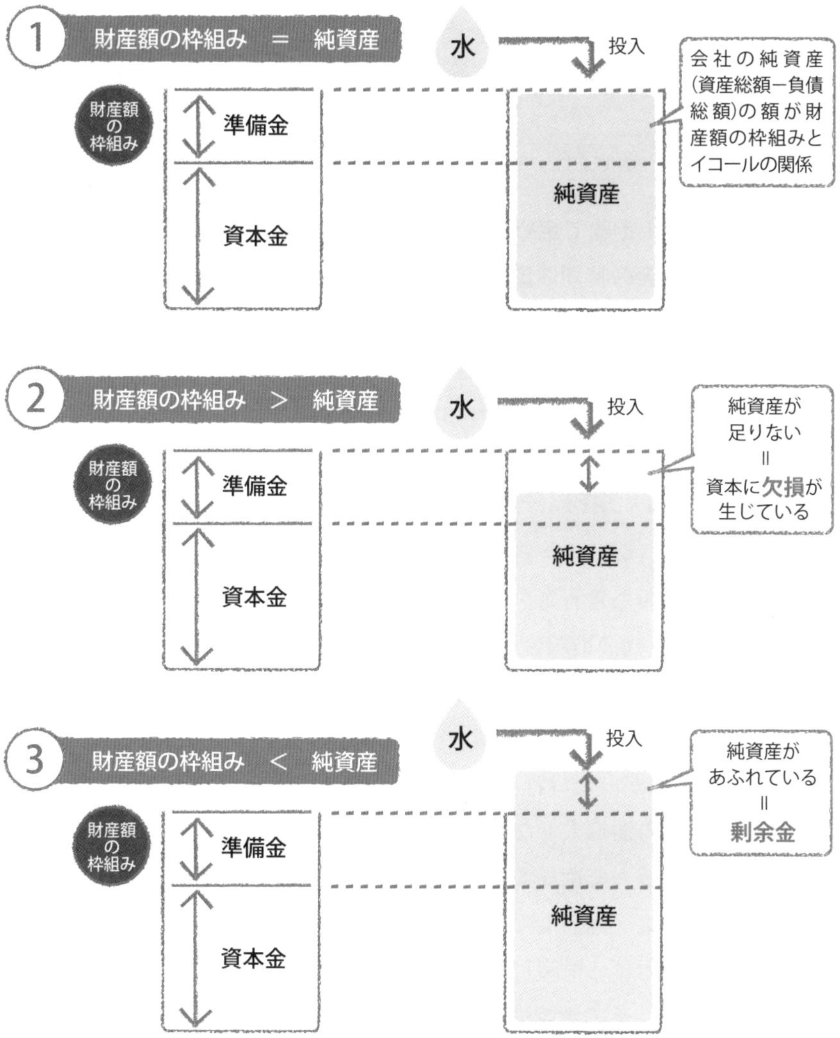

1 財産額の枠組み ＝ 純資産

財産額の枠組み		水 投入
準備金		純資産
資本金		

会社の純資産(資産総額ー負債総額)の額が財産額の枠組みとイコールの関係

2 財産額の枠組み ＞ 純資産

財産額の枠組み		水 投入
準備金		純資産
資本金		

純資産が足りない
＝
資本に**欠損**が生じている

3 財産額の枠組み ＜ 純資産

財産額の枠組み		水 投入
準備金		純資産
資本金		

純資産があふれている
＝
剰余金

ワンポイント

資本の欠損とは？

会社の資本に欠損が生じている状態とは、会社の純資産額が「資本金」と「準備金」の合計額に満たない場合をいいます。

12 株式会社

会社の解散から清算結了まで

会社は解散後、清算人により清算手続きが行われ、その結了により消滅します

株式会社は、①**定款で定めた存続期間の満了**、②**定款で定めた解散事由の発生**、③**株主総会の特別決議**（309条2項11号）など一定の事由により解散します。会社は解散によってただちに消滅するわけではなく、**清算**による事務処理が終わった段階（**清算結了**）で消滅します。なお、清算とは、会社をめぐる法律関係の後始末をするための手続きをいいます。

解散の効果と、清算手続きの流れ

清算株式会社（解散後、清算中の会社）は、清算の目的の範囲内において存続するものとみなされるので（会社476条）、事業活動を担当する機関である「取締役」「代表取締役」などは退任します。清算手続きを担当する機関は、**清算人**です。誰が清算人になるのかというと、まず、定款に定めがある場合、または株主総会で選任した場合はその人が（会社478条1項2号、3号）、前記の人がいなければ**解散前の取締役**（会社478条1項1号）がなります。それでも清算人となる人がいないときは、**裁判所**が利害関係人の申立てにより、清算人を選任することになります（会社478条2項）。

清算人は就任後、遅滞なく清算株式会社の財産の現況を調査し、清算の開始原因発生日における財産目録などを作成し（会社492条1項）、それらを**株主総会に提出し、その承認**を受けなければりません（会社492条3項）。そのうえで清算人は、①**現務の結了**、②**債権の取立て**、③**債務の弁済**、④**残余財産の分配**の順で清算手続きを行います。清算株式会社は、債務の弁済後でなければ、残余財産を株主に分配できません（会社502条本文）。清算株式会社は清算事務の終了後、遅滞なく**決算報告を作成**し（会社507条1項）、**それについての株主総会の承認**を受けることになります（会社507条3項）。

会社の解散から、清算、その結了までの流れ

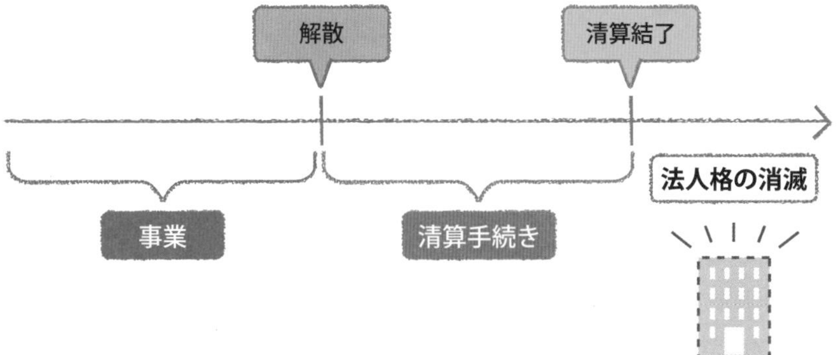

清算株式会社ができること・できないこと

行為	可否
剰余金の配当	✕（会社509条1項2号）
存続会社となるための吸収合併	✕（会社474条1号）
消滅会社となるための吸収合併・新設合併	○
株式の譲渡制限規定の設定	○
株式の発行	○（会社487条2項1号）
支配人の選任や支店の設置	○（会社489条6項3号、4号）

会社解散後は、
事業活動を行うことは
できません

ワンポイント

清算の結了には、決算報告についての株主総会の承認が必要となります

決算報告を作成し（会社 507 条1項）、その決算報告について株主総会の承認を受けることにより（会社 507 条3項）、株式会社の清算手続きは結了し、株式会社の法人格は消滅します。

組織再編

13 合併によって会社の権利義務はどうなる？

消滅会社の権利義務は、すべて存続会社または設立会社に承継されます

ここからは企業の再編（M＆A）について学んでいきます。

まずは**合併**です。合併には**吸収合併**と**新設合併**の２種類が存在します。

吸収合併とは、合併により消滅する会社の権利義務の全部を、合併後存続する会社に承継させるものをいいます。

新設合併とは、合併により消滅する会社の権利義務の全部を、合併により設立する会社に承継させるものをいいます。

吸収合併により消滅する会社を**吸収合併消滅会社**、存続する会社を**吸収合併存続会社**といい、新設合併により消滅する会社を**新設合併消滅会社**、設立する会社を**新設合併設立会社**といいます。

会社の合併は相続にたとえられる

いずれの合併でも、消滅会社の権利義務のすべてが存続会社または設立会社（以下、存続会社など）に承継され、消滅会社は解散して消滅することから、あたかも**消滅会社が被相続人**で、**存続会社などが相続人**であるのと同じ効果が生じると説明されたりもします。

消滅会社の株式や債務はどうなる？

吸収合併、新設合併ともに、消滅会社は解散し、消滅することから、消滅会社の株式も消滅することになります。そのため、株主に対価を与えることが必要となり、通常、**消滅会社の株主には存続会社などの株式が交付**されます。

また、消滅会社の債権者は、合併により消滅会社の債務が存続会社などに承継され、請求先が変わることから、合併に異議を述べる機会が保障されます。

なお、異議を述べた債権者は、原則として弁済などの措置を取ってもらえます。

「吸収合併」の流れ

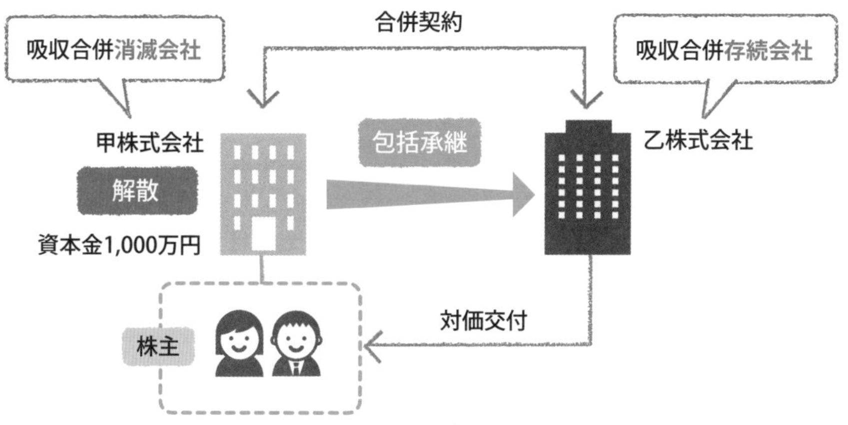

「新設合併」の流れ

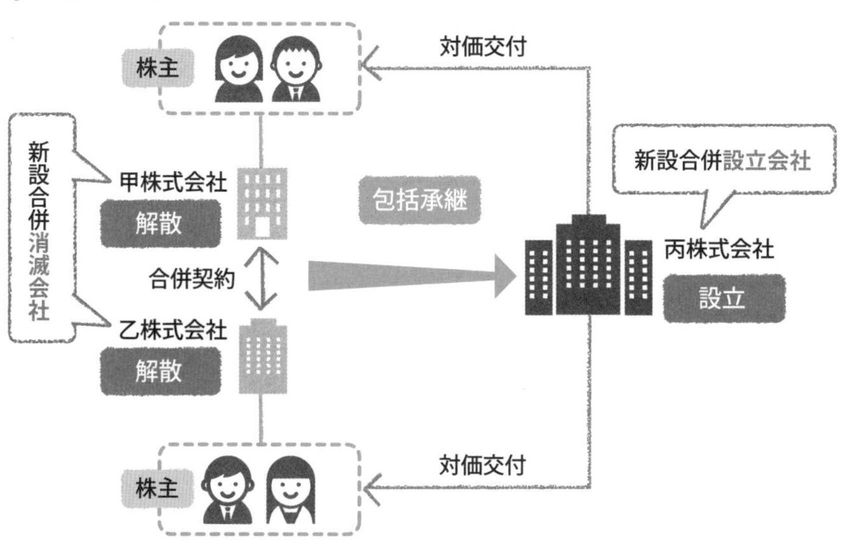

ワンポイント

消滅会社の「新株予約権」はどうなる？

消滅会社は、解散して消滅することから、その会社が発行していた「新株予約権」も消滅します。新株予約権者には、存続会社などの新株予約権または現金が交付されることになります。

14 組織再編

株式交換・株式移転とは？

ほかの会社の株式を100％取得して「完全親子会社関係」をつくるための手段です

ある会社が、ほかの会社の発行済株式の100％を取得してその会社を完全に支配し、完全親会社になりたいと考えたとしましょう。

なお、**完全親会社**とは、**ほかの会社の発行済株式の総数を有する会社**のことをいいます。たとえば甲社が乙社の発行済株式の総数を有する場合、甲社が完全親会社となります。そして、一方の乙社は**完全子会社**と呼ばれ、甲社と乙社の関係を**完全親子会社関係**といいます。

この完全親子会社関係を形成する手段が、**株式交換・株式移転**です。

株式交換とは、たとえば、乙社の株式の全部が甲社に移転した場合に、**乙社の株主に甲社の株式などの対価を渡す**という方法です。

一方、株式移転とは、上記の例でいえば、完全子会社となる乙社のみで行うもので、新たに丙社を設立し、乙社の株式の全部を設立された丙社に移転し、**乙社の株主に丙社の株式などの対価を渡す**方法です。

株式交換のメリットとは？

企業買収においては、買収しようとする企業の既存株主から、その株式を現金で取得して行う方法が一般的といえますが、株式交換制度では、買収する企業の株主に現金を支払うのではなく、自社の株式などを渡すことになります。これにより、企業買収のために多額の資金を準備する必要がなくなり、**資金力の乏しい企業でも買収が可能**になるメリットがあります。

また、企業買収の手段として合併がありますが、合併の場合、組織・人事制度・給与体系の統合や、企業文化の相違の克服などに多大の労力が必要です。この点、株式交換制度では、甲社は乙社を買収し、支配することになりますが、買収後も甲社と乙社は独立した法人格を有し、**各社の独立性を維持しながら、統一的な経営をすることが可能**になります。

「株式交換」の流れ

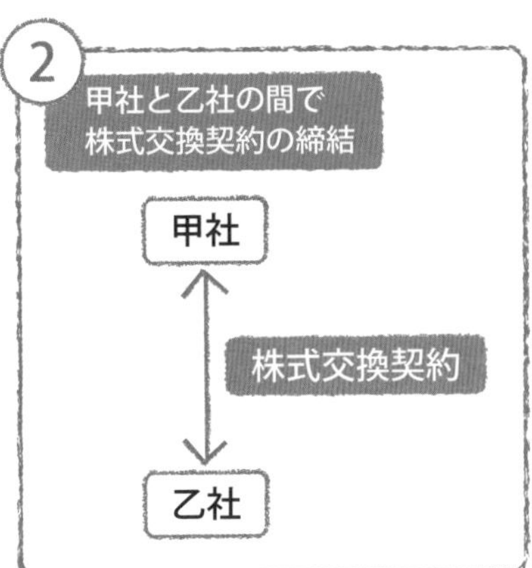

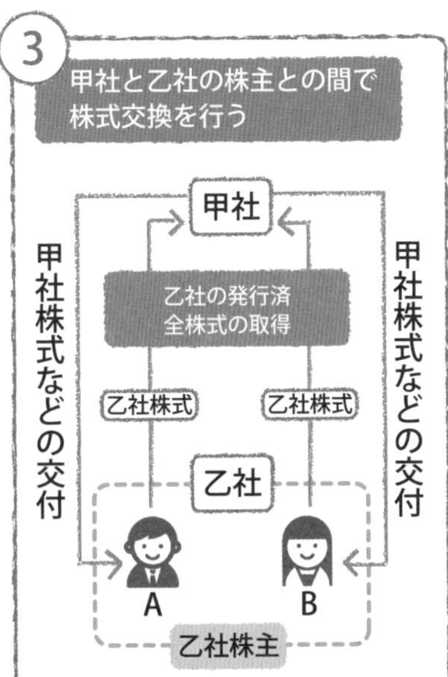

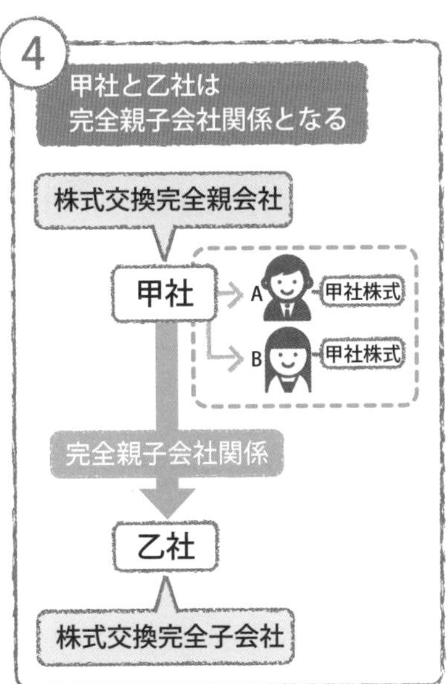

ワンポイント

株式交換・株式移転で新株予約権はどうなる？

株式交換完全子会社と株式移転完全子会社は、合併と異なり解散・消滅しません。そのため、これらの会社が発行していた新株予約権は、原則としてそのまま株式交換完全子会社、株式移転完全子会社に残ることになります。

組織再編

会社分割とは？

ほかの会社に承継させる「吸収分割」と、別の会社を設立する「新設分割」があります

会社を分割する方法には、大きく**吸収分割**と**新設分割**があります。吸収分割とは、株式会社がその事業に関して有する権利義務の全部または一部を、**ほかの会社に承継**させることをいいます。新設分割とは、株式会社がその事業に関して有する権利義務の全部または一部を、**分割により設立する会社に承継**させることをいいます。

まず、吸収分割の方法から見ていきましょう。たとえば、甲社は事業をスリムにして経営効率を上げたいと考えており、乙社は既存の事業の拡大・強化を望んでいたとします。その場合、甲社と乙社との間で**分割契約**を締結し（その際、分割契約書を作成します）、各社で**株主総会の承認**を得ると、甲社のその事業に関する権利義務が乙社に承継され、その対価として乙社は甲社に対して株式などを交付します（甲社を**吸収分割会社**、乙社を**吸収分割承継会社**と呼びます）。

新設分割の活用例

1つの会社が異なった事業を行っている場合、その効率性が問題となることがあります。たとえば、従業員の雇用条件は事業ごとに決めるのが合理的ですが、現実にはなかなか実施しにくく、また会社の経営者が会社のすべての事業部門について監督をすることも現実的に期待できません。また、1つの会社の中に、利益の上がっている事業部門と赤字の事業部門が存在し続けていれば、会社全体の収益性や経営効率の点でも問題です。

これを解決する手段として利用されるのが**新設分割**です。設立された丁社に1つの事業に関する権利義務を承継させ、その対価として丁社は丙社に対して株式を交付します（丁社を**新設分割設立会社**、丙社を**新設分割会社**と呼びます）。

「吸収分割」の流れ

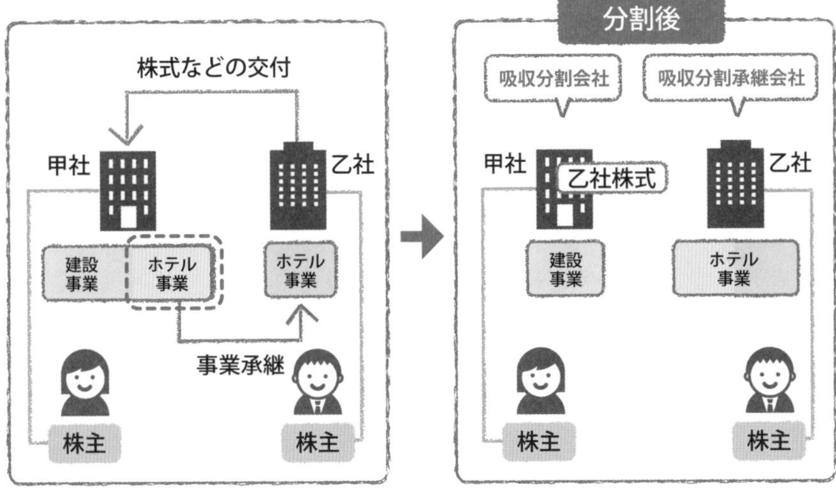

「新設分割」の流れ

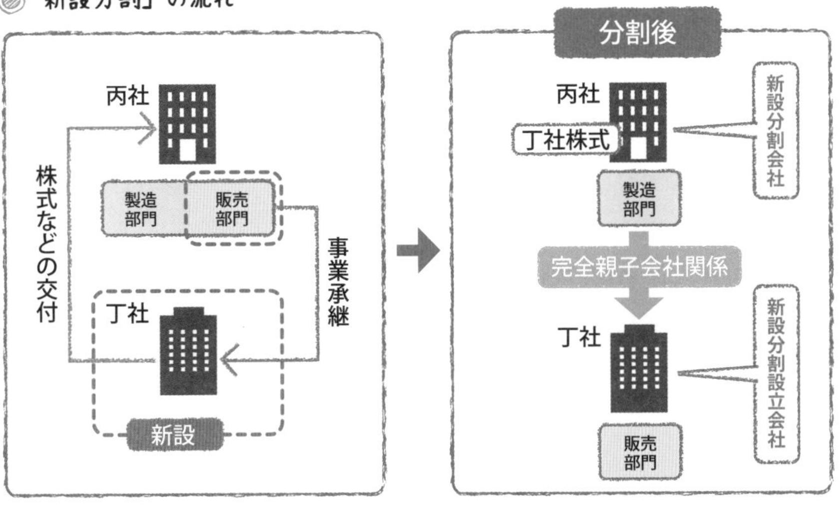

ワンポイント

会社分割で新株予約権はどうなる？

吸収分割会社や新設分割会社は、合併と異なり解散・消滅しません。そのため、これらの会社が発行していた新株予約権は、原則としてそのまま吸収分割会社や新設分割会社に残ることになります。

海野式・暗記のコツの第3点目、「つねに覚えている状態」とは？

司法書士試験の受験生にとって「直前期」とは、４～７月の本試験までの時期をいいます。この時期の学習は、その年の合格にとって非常に重要です。とくにその年が初めての受験という人の場合、この時期に信じられないくらい実力が伸びることも珍しくありません。

この時期の学習では、それまでインプットした知識を定着させ、かつそれが瞬時にアウトプットできる力を徹底的に身につけていきます。それまでは、152ページのコラムで暗記の第２点目のコツとして述べたように、「脳に焼きつけては忘れる」を繰り返してきましたが、直前期には「つねに覚えている状態」にしていくのです。

では、どうすればそのような状態をつくっていけるのでしょうか。

いったん暗記しても、一般的には約２週間で忘れてしまうと前述しました。そこで、「つねに覚えている状態」にするには、その法則を逆手に取ります。つまり、約２週間しか覚えていられないのであれば、「２週間経たないうちに、再度、復習をする」を繰り返すのです。

具体的には、直前期の勉強は自分がこれと決めた問題を何度も繰り返すのがメインとなりますが、その際、２週間以内に同じ問題に戻ってくるようなスケジュールを立てるのです。そうすれば、記憶がゼロになる前に、再度、同じ問題を解くことができます。これなら、いやでも覚えていられますよね。

ちなみに、私はこの直前期に、全科目につき、これと決めた問題を４～５回繰り返し解きました。そして、本試験１週間前には、それまで２週間でまわしていた問題を１週間でまわすという勉強をし、試験に臨みました。さすがに１週間前にやったことは覚えていられるもので、本試験当日、単に忘れてしまって解けなかった問題はなかったと記憶しています。直前期の勉強法としてぜひ参考にしてみてください。

第 4 章

商業登記法

商業登記総則

商業登記とは？

会社や個人商人などが、
その情報を「商業登記簿」に登記することです

商業登記とは、商法・会社法その他の法律の規定により商業登記簿に行う登記のことです。商業登記は、右ページの通り、**会社に関する登記と、個人商人に関する登記**に分かれ、合計で９種類あります。

ここでは主に、株式会社の登記について学習しましょう。

商業登記の効力

商業登記簿に登記すべき事項は、**登記の後**でなければ、善意の第三者に対抗することができません（会社 908 条１項前段、商法〈以下、商〉９条１項前段）。たとえば、代表取締役がＡからＢに変更した旨の登記をしていない場合で、代表取締役がＢに変更したことについて知らない第三者（善意の第三者）から、Ａが会社を代表して借金をしたとします。このとき、会社は、その第三者に対して、「Ａは代表取締役ではないから、この借金は無効だ」と主張することはできない、ということです。

なお、登記の後であれば、第三者がたとえ善意であっても、原則としてその第三者に対抗することができます。しかし、**第三者が正当な事由によってその登記があることを知らなかった**場合には、対抗することができません（会社 908 条１項後段、商９条１項後段）。たとえば、大災害などで登記を確認することができなくなった場合などが該当します。

また、故意または過失によって不実（事実と異なること）の事項を登記した人は、その事項が**不実であることをもって善意の第三者に対抗することはできません**（会社 908 条２項、商９条２項）。たとえば、Ｃが代表取締役に就任した事実がないのに、会社が故意に代表取締役Ｃの就任登記を申請した場合、Ｃが会社を代表して勝手に借金をしても、会社はその借金を無効だと主張することができないのです。

商業登記の種類

- 商業登記
  - 会社法の規定による登記
    - 株式会社の登記
    - 合名会社の登記
    - 合資会社の登記
    - 合同会社の登記
    - 外国会社の登記
  - 商法の規定による個人商人に関する登記
    - 商号の登記
    - 未成年者の登記
    - 後見人の登記
    - 支配人の登記

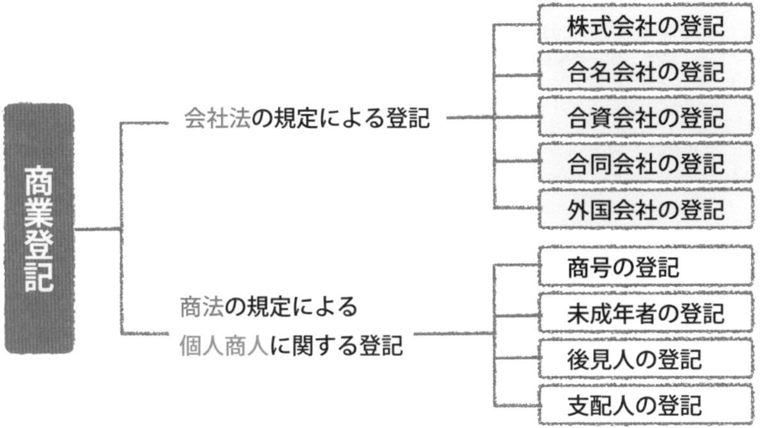

登記申請書の記載例

「商号変更」の場合

株式会社変更登記申請書

1.会社法人等番号　1234-56-789012

1.商号　株式会社第一商事（ダイイチショウジ）

1.本店 東京都豊島区南池袋一丁目１番１号

1.登記の事由 商号変更

1.登記すべき事項
　令和6年1月10日変更
　商号　ジャパンスタッフ

1.登録免許税　　金３万円

1.添付書類

株主総会議事録	1通
株主リスト	1通
委任状	1通

上記のとおり登記の申請をします。
令和6年1月17日

申請人　豊島区南池袋一丁目１番１号
　株式会社ジャパンスタッフ
　代表取締役　鈴木太郎
代理人　港区三田五丁目５番５号
　司法書士　司法大介　㊞
　連絡先の電話番号　03-3333-3333

東京法務局豊島出張所御中

ワンポイント

「登記の事由」と「登記すべき事項」とは？

登記申請書に記載する「登記の事由」（商業登記法〈以下、商登〉17条２項３号）とは、登記官に審査の指針を与えるために記載する登記申請の原因となった事実の概要です。「登記すべき事項」（商登17条２項４号）とは、登記簿への記録を要求する登記事項です。

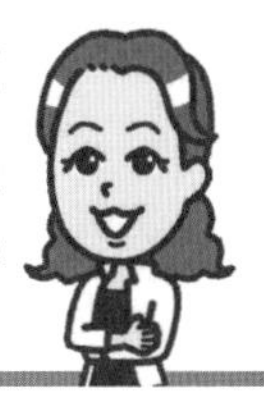

商業登記総則

株式会社の登記記録の中身を知ろう

登記記録は、「商号区」「株式・資本区」「役員区」などに分かれています

株式会社の登記は、商号区、株式・資本区、役員区などの区に分かれて登記されています。商号区に登記される事項は、商号、本店所在地、会社の公告方法などです。株式・資本区に登記される事項は、発行可能株式総数、発行済株式の総数とその種類および種類ごとの数、株券発行会社である旨、資本金の額です。

最後の区は登記記録区と呼ばれ、その登記記録を起こした事由が記載されます。設立によって登記記録が起こされたのであれば「設立」、新設合併により起こされたのであれば、「(住所省略)○○株式会社と(住所省略)△△株式会社の合併により設立」と記載されることになります。

なお、商業登記の登記事項証明書を取得する際は、「区」単位で表示を選択することができます。

定款記載事項が登記記録に登記されないことも

株券発行会社である旨や種類株式の内容、発行可能株式総数、および発行可能種類株式総数については、定款に記載しなければならず、登記記録にも登記されます。

しかし、**定款に記載しなければ効力を生じない事項が、登記記録にも必ず登記されるわけではない**ので、注意が必要です。

たとえば、株主総会の普通決議や特別決議の定足数は、定款に規定すれば一定の限度まで変更することができますが、その定款規定は登記記録に公示されません。そこで、法定された定足数を下まわった出席者による株主総会で登記事項が決定された場合、その株主総会議事録を添付して登記申請をする必要がありますが、その際、定款の添付も必要となります。

株式会社の登記記録の記載例

会社法人等番号	1234-56-789012	
商　号	第一商事株式会社	
本　店	東京都豊島区南池袋一丁目１番１号	
公告方法	電子公告の方法により行う http://www.tokyo.html なお、公告を行うことができない事故その他のやむを得ない事由が生じた場合には、日本経済新聞に掲載する	
会社成立の年月日	平成22年7月5日	
目的	１．不動産の売買、賃貸、管理、仲介 ２．コンビニエンス・ストアの経営 ３．建設用機械の製造及び販売 ４．前各号に付帯する一切の事業	
単元株式数	10株	
発行可能株式総数	1,600株	
発行する株式の内容	当会社は、当会社が別に定める日が到来したときに、当会社の株式を１株に付き金１万円で取得することができる。	
発行済株式の総数並びに種類及び数	発行済株式の総数 400株	
株券を発行する旨の定め	当会社の株式については、株券を発行する	
資本金の額	金2,000万円	
株式の譲渡制限に関する規定	当会社の株式を譲渡により取得するには株主総会の承認を要する	
役員に関する事項	取締役　　甲　野　一　郎	令和6年6月26日重任 令和6年6月29日登記
	取締役　　乙　野　二　郎	令和6年6月26日重任 令和6年6月29日登記
	取締役　　丙　野　三　郎	令和6年6月26日重任 令和6年6月29日登記
	東京都港区赤坂一丁目５番６号 代表取締役　　甲　野　一　郎	令和6年6月26日重任 令和6年6月29日登記
	監査役　　東　田　春　男	令和5年6月28日重任 令和5年7月2日登記
監査役設置会社に関する事項	監査役設置会社	
支店	1 神奈川県横浜市西区港一丁目１番１号	
登記記録に関する事項	設立	平成22年7月5日登記

ワンポイント

「会社法人等番号」で登記記録の内容が確認できます

商業登記法および商業登記規則が改正され、平成 27 年 10 月 5 日から、会社法人等番号が登記簿ならびに登記事項証明書にも記載されることになりました。現在、この会社法人等番号により、登記官は登記されたすべての法人の登記記録の内容を確認できます。

商業登記総則

印鑑届出制度とは？

商業登記申請書に押印する人は、あらかじめ印鑑を登記所に提出します

不動産登記法には登記の真正（事実であること）を担保するために、**登記識別情報制度**がありましたが（144ページ参照）、商業登記法ではどうでしょうか。

商業登記申請書（書面）に押印すべき者は、あらかじめ印鑑を提出しなければなりません（商登17条2項、商業登記規則〈以下、商登規〉35条の2　1項参照）。「申請書に押印すべき者」とは、取締役会設置の株式会社であれば、**代表取締役**（または**代表執行役**）であり、これらの人たちは就任次第その代表印を定め、その印影と一定の登録事項を**本店所在地を管轄する登記所**に提出する必要があります。これを、**印鑑届出（提出）制度**といいます。

提出するのは、通常18mmか21mmの丸印で、二重の同心円の形を取り、外側（回文）と内側（中文）にそれぞれ文字が入っている印鑑です（右ページ参照）。回文には会社の商号を、中文には、たとえば「代表取締役印」などと刻印します。提出された印を**届出印**と呼び、登記所の印鑑ファイルに、その印影および一定の届出事項が登録されることになります。

届出印による登記の真正を担保する

不動産登記申請と同様、本人申請のときは、**申請書に会社の代表取締役が押印**しますが、その印鑑は届出印であることが必要です。また、代理人申請のときは**委任状に届出印を押す**必要があります。登記官は、登記申請の審査の際、申請書または委任状に押された印鑑と、あらかじめ登記所に提出され、登録された印鑑の印影を照合することによって、申請当事者の同一性を確認し、登記の真正を確保しようとします。

なお、登記所へ印鑑を届け出た人は印鑑カードを提示して、手数料を納めることにより、**印鑑証明書の交付を請求することができます**（商登12条）。

書面で申請する場合における登記申請書、または委任状への押印

本人申請の場合

登記申請書

上記のとおり申請する
令和6年4月1日
申請人　株式会社ジャパンスタッフ
代表取締役　鈴木　太郎　㊞

提出済みの届出印を押す

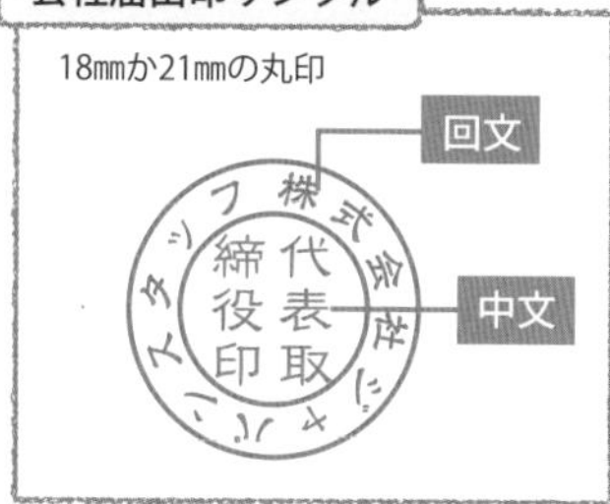

司法書士に申請委任をした場合

登記申請書

上記のとおり申請する
令和6年4月1日
申請人　株式会社ジャパンスタッフ
代表取締役　鈴木　太郎
代理人　司法書士　司法一郎　㊞

押印は不要

委任状

私は、東京都千代田区一番町四丁目５番５号
司法書士司法一郎を代理人と定め下記の件を
委任します。

記

一．目的変更登記申請手続に関する一切の件
一．原本還付手続に関する一切の件

令和6年4月1日

委任者　株式会社ジャパンスタッフ
代表取締役　鈴木　太郎　㊞

提出済みの届出印を押す

不動産登記申請の際には、
登記の真正担保のために
「登記識別情報」の制度がありましたが、
商業登記において、それに代わるのが
「印鑑届出」制度です

ワンポイント

印鑑の提出は「印鑑届書」によって行います

この印鑑届書には、提出者の印鑑届出についての意思を確認するため、提出者が個人の実印を押し、この印鑑について作成後３カ月以内の市区町村長の証明書（印鑑証明書）を添付します。この印鑑証明書については、原本の返却（原本還付）が可能です。

株式会社に関する登記

商号変更に関する登記

商号の変更には、株主総会の特別決議での定款変更が必要です

商号は定款の絶対的記載事項であり、登記事項です。株式会社は**定款を変更することにより、商号を変更する**ことができます。

定款を変更するためには、**株主総会の特別決議**（172 ページ参照）が必要です（会社 466 条、309 条 2 項 11 号）。商号変更登記申請の際には、定款変更を証明するため、**株主総会議事録**を添付しなければいけません。

なお、登記すべき事項につき株主総会の決議を要する場合には、平成 28 年 10 月 1 日申請以降は、株主総会議事録にプラスして、いわゆる**株主リスト**を添付しなければならなくなりました（商登規 61 条 3 項）。これは、議決権数上位 10 人の株主、または議決権の割合が多い順に加算し議決権の割合が 3 分の 2 に達するまでの、いずれか少ないほうの株主について、代表取締役が株主の住所・氏名、その議決権数などを記載したリストのことです。

商号変更の効力は、原則として**決議成立**のときに発生しますが、決議に条件・期限を付したときは、条件成就・期限到来のときに効力が発生します。

なお、商号変更の登録免許税は、**3万円**となります。

商号の選定は基本的に自由だが、限界もある

では、変更後の商号と目的には制限はないのでしょうか。

たとえば、運送業を事業目的としていない会社であっても、商号中に「運送」なる文字を使用することはできます。その意味では商号選定は自由といえます。

しかし、記号・図形・紋様は認められないなど、右ページのような制限がある点には注意が必要です。

商号選定で認められること・認められないこと

①	**記号・図形・紋様**は認められない
②	「(　)」(カッコ)は 認められない(昭 54 年 2 月 9 日　法務省民四 837号回答) → ただし、外国会社が業種を示すために用いることはできる
③	**ローマ字、アラビア数字**は認められる
④	「**&**」(アンパサンド)、「**'**」(アポストロフィー)、「**,**」(コンマ)、「**-**」(ハイフン)、「**.**」(ピリオド)、「**・**」(中点)の符号は、字句を区切る際の符号としてのみ用いることができる
⑤	会社は、株式会社、合名会社、合資会社、または合同会社の種類に従い、それぞれその商号中に**株式会社**、**合名会社**、**合資会社**、または**合同会社**という文字を用いなければならない（会社６条2項）
⑥	銀行業、保険業、信託業等の公益性の高い事業については、法令の規定により、当該事業を営む者はその商号中に「**銀行**」「**生命保険**」「**信託**」などの文字を使用しなければならず、それ以外の者は銀行、保険会社、信託会社などであると誤認されるおそれのある文字を使用してはならない
⑦	**公序良俗に反する**商号は、使用することができない（民法90条）

ワンポイント

同一所在地での同一商号の登記は禁止されています

変更しようとする商号が他人がすでに登記したものと同一であり、かつ本店の所在地が、他人のその商号の登記に関わる本店の所在地と同一であるときは、その商号を登記することができません。そのため、司法書士は商号変更の依頼があった際には、商号調査を行う必要があります。

株式会社に関する登記

05 発行する株式の内容についての登記とは？

単一株式発行会社では、「発行する株式の内容」として登記されます

会社が発行する株式が２パターン以上ある会社を**種類株式発行会社**と呼び、会社が発行する株式が１パターンのみの会社（発行する株式の全部が同一内容）を実務上、**単一株式発行会社**と呼びます（161 ページ・ワンポイント参照）。

では、これらの登記記録はどのようになっているのでしょうか。ここでは、単一株式発行会社の場合を見ていきましょう。

単一株式発行会社では、発行する株式について、その内容を定款に記載する必要があります。定款に記載された株式の内容は、登記記録の「株式・資本区」の中の「**発行する株式の内容**」に登記されます。

なお、会社が発行する全部の株式について、株主が会社に取得を請求したときに、会社がその株式を取得し、あらかじめ決められた対価を株主に交付しなければならない旨を定めた場合（**取得請求権付株式**といいます）、その定款、および登記記録記載例は右ページの①のようになります。

なお、単一株式発行会社の場合、発行する株式が１種類のため、「発行済株式の総数並びに種類及び数」の部分には単に「**発行済株式の総数○株**」と登記されることになります。

譲渡制限規定を設けた場合の登記記載例

会社が発行する全部の株式について、譲渡制限規定を定めた場合、**非公開会社**となりますが、その場合の登記の記載はどうなるのでしょうか。

この場合、上記のケースのように「発行する株式の内容」に登記されるのではなく、「**株式の譲渡制限に関する規定**」に登記されます（右ページ②参照）。これは、ここに登記されることにより、公開会社か否かをわかりやすく公示することができるからです。

「発行する株式」の定款と登記記録の記載例

1 取得請求権付株式にする場合

定　款

第26条(発行可能株式総数)　当会社の発行可能株式総数は、20万株とする。
第27条(全部の株式の内容)　株主は、いつでも当会社に対して当会社の株式を時価で取得することを請求することができる。
「時価」とは、当該取得請求日に先立つ45取引日目に始まる30取引日の株式会社東京証券取引所における毎日の終値の平均値をいう。

登記記録

発行可能株式総数	20万株
発行する株式の内容	株主は、いつでも当会社に対して当会社株式を時価で取得することを請求することができる。「時価」とは、当該取得日に先立つ45取引日目に始まる30取引日の株式会社東京証券取引所における毎日の終値の平均値をいう。 平成18年10月1日変更　平成18年10月8日登記
発行済株式の総数並びに種類及び数	発行済株式の総数 ５万株
資本金の額	金１億円
役員に関する事項	(略)

2 譲渡制限株式にする場合

定　款

第26条(発行可能株式総数)　当会社の発行可能株式総数は、20万株とする。
第27条(全部の株式の内容)　当会社の発行する株式は、譲渡による株式取得について、取締役会の承認を要するものとする。

登記記録

発行可能株式総数	20万株
株式の譲渡制限に関する規定	当会社の株式を譲渡により取得するには、取締役会の承認を要する。 平成18年10月1日変更　平成18年10月8日登記
発行済株式の総数並びに種類及び数	発行済株式の総数 ５万株
資本金の額	金１億円
役員に関する事項	(略)

ワンポイント

完全にノーマルな株式のみを発行する場合の登記は？

会社が発行する全部の株式について、取得請求権や譲渡制限などを設定せず、完全にノーマルな内容とする場合には、「発行する株式の内容」の登記や「株式の譲渡制限に関する規定」の登記はされません。もちろん、この場合は公開会社となります。

株式会社に関する登記

種類株式についての登記とは？

単一株式発行会社とは、定款や登記記録で記載内容が異なります

種類株式発行会社が発する種類株式の内容や、発行可能種類株式総数は、前項の単一株式発行会社が発行する株式と同じく、定款に記載することが必要です。

また、登記記録では、「株式・資本区」の中の「**発行可能種類株式総数及び発行する各種類の株式の内容**」に種類株式の内容が記載され、「**発行済株式の総数並びに種類及び数**」に全体の発行済株式総数のほか、種類株式ごとの発行済株式総数が記載されます。

なお、右ページの定款にある「**取得条項**」とは、会社が、一定の事由が生じた場合に取得条項のついた種類株式（右ページでは、乙種類株式）を強制的に取得し、株主に対価を交付するというもので、**全部の株式に設定**することも、右ページのように**ある種類の株式会社に設定**することも可能です。

譲渡制限規定を設けた場合の登記記録は？

会社がある種類株式について、譲渡制限規定を定めた場合（右ページの定款では甲種類株式）、登記記録はどうなるのでしょうか。

このとき、譲渡制限規定の旨は、取得請求権や取得条項とは異なり、「**発行可能種類株式総数及び発行する各種類の株式の内容**」には登記されないことに注意が必要です（右ページの登記記録参照）。単一株式発行会社の場合と同じく、「**株式の譲渡制限に関する規定**」に登記されます。

これは、ここに登記されることにより、公開会社か否かをわかりやすく公示することができるからです。

なお、右ページは、公開会社の定款と登記記録の記載例となります。

種類株式発行会社の定款と登記記録の記載例【公開会社】

定　款

第26条(発行可能株式総数)　当会社の発行可能株式総数は、12万株とする。
第27条(発行可能種類株式総数)　甲種類株式は9万株、乙種類株式は3万株とする。
第28条(種類株式の内容)　会社の発行する株式の内容は以下に定めるとおりである。

	甲種類株式	乙種類株式
譲渡制限	当会社の甲種類株式を譲渡により取得するには取締役会の承認を要する。	なし
取得請求権の有無	株主は、いつでも当会社に対して甲種類株式を時価で取得することを請求することができる。	なし
取得条項の有無	なし	当会社は、当会社が別に定める日が到来したときに乙種類株式を時価で取得することができる。

なお、「時価」とは、当該取得請求日に先立つ45取引日目に始まる30取引日の株式会社東京証券取引所における毎日の終値の平均値をいう。

登記記録

商号	東京商事株式会社
発行可能株式総数	12万株
発行可能種類株式総数及び発行する各種類の株式の内容	甲種類株式　9万株 乙種類株式　3万株 甲種類株式　株主は、いつでも当会社に対して甲種類株式を時価で取得することを請求することができる。 乙種類株式　当会社は、当会社が別に定める日が到来したときに乙種類株式を時価で取得することができる。 「時価」とは、当該取得請求日に先立つ45取引日目に始まる30取引日の株式会社東京証券取引所における毎日の終値の平均値をいう。
株式の譲渡制限に関する規定	当会社の甲種類株式を譲渡により取得するには取締役会の承認を要する。
発行済株式の総数並びに種類及び数	発行済株式の総数　5万株 各種株式の数 甲種類株式　4万株 乙種類株式　1万株
資本金の額	金10億円

ワンポイント

種類株式発行会社が「非公開会社」の場合の登記記録は？

上記ケースで、乙種類株式にも譲渡制限が設定されていた場合、この会社は非公開会社となります。このときの「株式の譲渡制限に関する規定」には、「当会社の甲種類株式及び乙種類株式を譲渡により取得するには取締役会の承認を要する」と登記されます。

株式会社に関する登記

株式の併合・分割に関する登記とは？

株式の併合の場合、発行済株式総数は減少し、株式の分割の場合、発行済株式総数は増加します

株式の併合をするときは、その都度、株主総会の特別決議によって、必要事項を定めることになります（会社180条2項、309条2項4号）。また、株式の分割をしようとするときは、その都度、株主総会の普通決議（取締役会設置会社では取締役会の決議）によって、必要事項を定めることになります（会社183条2項）。

株式の併合によって、発行済株式総数は減少するのに対して、**株式の分割の場合、発行済株式総数が増加**しますから、登記記録の発行済株式総数の変更登記が必要となります。

株式の併合と株式の分割の登記申請の際の添付書類としては、上記の決議機関による併合または分割決議を証明するための株主総会議事録＋株主リスト、または取締役会設置会社の株式の分割の際は、取締役会議事録が必要となります。なお、取締役会設置会社である旨は登記されますから、その点の立証は不要です。

株式の併合または株式の分割の登記の登録免許税は、3万円となります。

分割により発行済株式総数が増えた場合

たとえば、1株を3株に分割すると、発行済株式総数は3万株に増加することになり、右ページの記載例の場合、発行可能株式総数は2万株なので、それを超えてしまいます。発行可能株式総数は発行できる株式の上限ですから、この場合、発行可能株式総数を3万株以上に増加しなければなりません。

発行可能株式総数を変更する場合、通常、定款を変更するために株主総会での特別決議が必要ですが、2つ以上の種類株式を発行していない場合、株主総会での特別決議をせずに、取締役の決定（取締役会設置会社では取締役会の決議）により定款を変更できます（会社184条2項）。

株式分割をした場合の登記記録の記載例

会社分割前

会社法人等番号	1234-56-789012
商号	東京商事株式会社
本店	東京都千代田区神田三崎町一丁目1番1号
公告方法	官報に掲載してする
会社成立の年月日	平成10年5月1日
目的	1．電気製品の製造・販売業 2．電気製品のリース業 3．前記各号に付帯する一切の事業
発行可能株式総数	2万株
発行済株式の総数並びに種類及び数	発行済株式の総数 1万株
資本金の額	金１億円

登記実行後

会社法人等番号	1234-56-789012	
商号	東京商事株式会社	
本店	東京都千代田区神田三崎町一丁目1番1号	
公告方法	官報に掲載してする	
会社成立の年月日	平成10年5月1日	
目的	1．電気製品の製造・販売業 2．電気製品のリース業 3．前記各号に付帯する一切の事業	
発行可能株式総数	２万株	
	６万株	令和5年11月16日変更 令和5年11月17日登記
発行済株式の総数 並びに種類及び数	発行済株式の総数 １万株	
	発行済株式の総数 ３万株	令和5年11月16日変更 令和5年11月17日登記

下線が引かれている箇所は、その登記内容が抹消されていることを示します

株式の分割による発行可能株式総数の増加の範囲は？

上記のケースでは、取締役の決定（取締役会設置会社にあっては取締役会の決議）により発行可能株式総数を増加変更することができます。その場合、このケースでは３倍以内の範囲であればよく、発行可能株式総数を５万株にすることも可能です。

募集株式発行に関する登記とは？

第三者割当と株主割当、公開会社と非公開会社では募集事項の決定機関が異なります

募集株式発行（第三者割当・株主割当。166ページ参照）では、発行済株式総数、および資本金の額が増加するので、その変更登記が必要となります。

第三者割当での募集株式発行では、既存の株主の持株比率は確実に下がるため、その保護がとくに必要な**非公開会社では、株主総会の特別決議**による必要があります（会社199条2項)。登記申請の際の添付書類は、株主総会議事録（＋株主リスト）です（商登46条2項、商登規61条3項)。

それに対して、**公開会社が第三者割当により募集株式の発行等をする場合の募集事項決定は、取締役会の権限**となります（会社201条1項、199条2項)。募集株式発行で既存の株主の持株比率は低下するものの、のちにこの会社の株式を自由に取得できるので（譲渡制限がすべての株式にはついていないため)、既存の株主の不利益にはならないと考えるからです。なお、登記申請の際の添付書類は、取締役会議事録となります（商登46条2項)。

株主割当の募集株式の発行での決定機関は？

一方、**公開会社が株主割当による募集株式の発行等を行う場合、募集事項の決定は取締役会の権限**となり（会社202条3項3号)、このときの添付書類は、取締役会議事録です（商登46条2項)。

それに対して、**非公開会社が株主割当による募集株式の発行等を行う場合、募集事項の決定は原則として株主総会の特別決議**によることが必要で、定款にその決定権限を取締役または取締役会に委ねる旨が規定されている場合にのみ、**取締役または取締役会が決定**することができます（会社202条3項1号、2号)。このときの添付書類は、株主総会議事録（＋株主リスト）か、定款＋取締役会議事録または取締役の過半数一致を証する書面となります（商登46条1項・2項、商登規61条1項・2項)。

募集株式の募集事項の決定機関

	第三者割当（既存の株主に株式の割当を受ける権利を与えない場合）	株主割当（既存の株主に株式の割当を受ける権利を与える場合）
非公開会社	**株主総会の特別決議**（会社 199 条 2 項）	**株主総会の特別決議**（会社 199 条 2 項） **定款の定めにより、取締役、または取締役会の決議とすることも可能**（会社 202 条 3 項 1 号、2 号）
公開会社	**取締役会決議**（会社 201 条 1 項、199 条 2 項）	**取締役会決議**（会社 202 条 3 項 3 号）

募集株式発行の登記申請書の記載例

株式会社変更登記申請書

1.会社法人等番号　1234-56-789012

1.商号　株式会社ジャパンスタッフ

1.本店　東京都豊島区南池袋一丁目１番１号

1.登記の事由　募集株式の発行

1.登記すべき事項
　令和6年1月10日変更
　発行済株式総数　1万1,000株
　資本金の額　金1億1,000万円

1.課税標準金額　金1,000万円

1.登録免許税　金7万円

1.添付書類

株主総会議事録	1通
取締役会議事録	1通
申込みを証する書面	3通
払込みがあったことを証する書面	1通
資本金の額の計上に関する証明書	1通
株主リスト	1通
委任状	1通

上記のとおり登記の申請をします。
令和6年1月17日

申請人　豊島区南池袋一丁目１番１号
　株式会社ジャパンスタッフ
　代表取締役　鈴木太郎
代理人　港区三田五丁目５番５号
　司法書士　司法大介　㊞
　連絡先の電話番号　03-3333-3333

東京法務局豊島出張所御中

ワンポイント

募集株式発行の登録免許税は？

募集株式発行による登記申請の登録免許税は、増加した資本金額×7/1,000 円です。ただし、その計算額が３万円未満のときは、申請１件につき金３万円となります。

株式会社に関する登記

新株予約権に関する登記とは？

新株予約権を発行した場合は、「新株予約権区」の変更登記が必要となります

募集株式の発行の場合は、発行済株式総数および資本金の額が増加するので、その変更登記が必要でした。一方、株式会社が**新株予約権**を発行した場合、発行済株式総数および資本金の額はいずれも変化しませんが、**登記記録の中の「新株予約権区」の新株予約権についての登記が必要**です。

右ページは、新株予約権の登記記録の例です。「新株予約権の数」と「新株予約権の目的である株式の種類及び数又はその算定方法」との関係は、右ページの例では、「新株予約権100個当たり普通株式5,000株」を意味し、**新株予約権1個当たり50株取得することができる**ということです。

また、「募集新株予約権の払込金額若しくはその算定方法又は払込を要しないとする旨」とは、新株予約権**発行時**に有償か無償かということです。「新株予約権の行使に際して出資される財産の価額又はその算定方法」とは、新株予約権**行使時**の価額です。右ページの例では、「**新株予約権1個当たり100万円**」を意味します。

なお、発行時には無償もあり得ますが、行使の際には必ず有償でなければなりません。

新株予約権発行での効力発生日は「割当日」

新株予約権の発行手続きは、基本的に募集株式発行の手続きと同じ（166ページ参照）ですが、効力発生日は異なり、その違いは重要です。募集株式発行の効力が発生するのは払込期日または払込期間を定めた場合には、出資の履行をした日（会社209条1項）ですが、新株予約権の発行の場合は、**払込みの有無を問わず、割当日に効力を生じます**（会社245条1項)。

募集新株予約権発行による登記申請の登録免許税は、**9万円**となります。

新株予約権の登記記録の例

新株予約権	第１回新株予約権 新株予約権の数 100個 新株予約権の目的である株式の種類及び数又はその算定方法 普通株式　5,000株 募集新株予約権の払込金額若しくはその算定方法又は払込を要しないとする旨 無償 新株予約権の行使に際して出資される財産の価額又はその算定方法 金100万円 金銭以外の財産を各新株予約権の行使に際して出資する旨並びに内容及び価額 証券取引所に上場されている有価証券であって、当該証券取引所の開設する市場における当該新株予約権の行使の前日の最終価格により算定して100万円に相当するもの 新株予約権を行使することができる期間 平成21年４月１日から平成31年３月31日まで 新株予約権の行使の条件 この新株予約権は、行使の日の属する事業年度の直前の事業年度における当会社の税引前利益が１億円以上である場合に行使することができる。 会社が新株予約権を取得することができる事由及び取得の条件 当会社は、当会社の新株予約権について、当会社が別に定める日が到来したときに、新株予約権の目的である株式の時価と権利行使価額との差額をもって取得することができる。 平成21年3月１日発行 平成21年3月２日登記

「新株予約権１個当たり50株取得することができる」という意味

新株予約権発行時に、有償か無償かという意味

新株予約権行使時の価額。この場合、「新株予約権１個当たり100万円」となる

ワンポイント

新株予約権を行使し、新株式を発行した場合の登記申請は？

新株予約権を発行した後、予約権の行使によって新しい株式を発行した場合は、発行済株式総数および資本金の額が増加することから、その旨の登記申請が必要となります。

株式会社に関する登記

会社の財産に関する登記とは？

資本金の額に変更が生じた場合には、資本金の額の変更登記が必要です

株式会社の財産について、準備金の額や剰余金の額は登記されませんが、**資本金の額は登記されます**。そのため、登記された資本金の額に変更が生じた場合、**資本金の額の変更登記**が必要になります。

ここでは、資本金の額が減少する場合について説明します。

資本金の額の減少が起こり得る２つのパターン

資本金の額が減少する例のひとつが、**剰余金の配当のための資本金の額の減少**です。たとえば、純資産額が資本金と準備金の合計額を超えておらず、剰余金が生じていない会社が、剰余金の配当をしたいとします。この場合、資本金の額を減らして「コップ」を小さくすれば、水はあふれることになります（あふれた水＝剰余金）。これが、剰余金の配当のための資本金の額の減少です（右ページの上図参照）。

もう１つが、**欠損塡補のための資本金の額の減少**です。これは、資本に欠損が生じている会社が、資本の欠損分について、資本金の額を減少させて、今ある「水の量」に「コップ」の大きさを合わせる、という方法です（右ページの下図参照）。

ただし、**資本維持の原則**（156 ページ参照）から、資本金の額を簡単に減少させることは許されていません。その額を減少するには、普通決議より厳しい**株主総会の特別決議**が必要です（会社 447 条１項）。

そもそも資本金の額の登記によって、「会社には財産がこれだけある」と外部に公示しており、会社の債権者は、これを判断材料にして取引をするか否かを決定しています。そのため、その減少には強い利害関係を有し、そこで、会社の債権者に対して異議を述べる機会を保障し、異議のある債権者に対しては、原則として弁済などの措置を取る必要があるのです。

資本金の額の減少を行う２つのケース

① 「剰余金の配当」のための資本金の額の減少

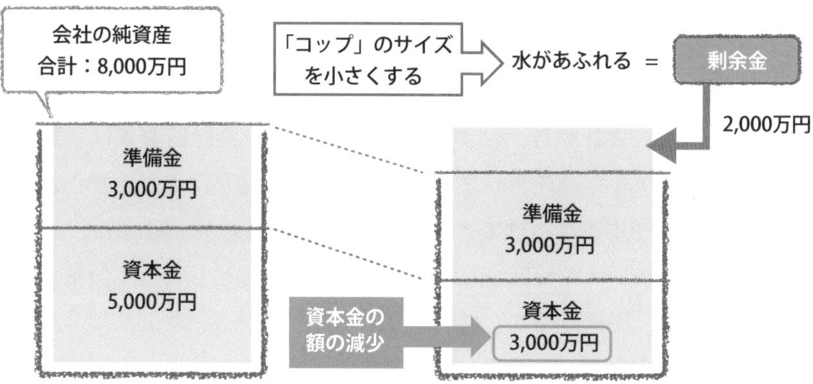

② 「欠損塡補」のための資本金の額の減少

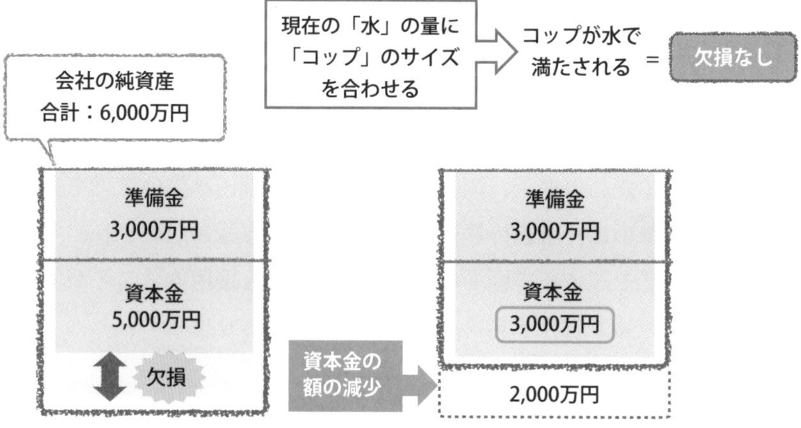

ワンポイント

「資本金の額の減少」の変更登記の登録免許税は？

剰余金の配当や欠損塡補のために資本金の額の減少の変更登記を行った場合、登録免許税額は、３万円になります。

株式会社に関する登記

取締役に関する登記とは？

取締役の就任登記には、株主総会の議事録と就任の承諾を証する書面の添付が必要です

役員（取締役、会計参与、および監査役）、および会計監査人は、**株主総会の普通決議**によって選任されます（会社329条1項）。このとき、役員の選任を**議長に一任することはできません**。たとえば、「株主総会は、議長に選任を一任し、議長はAを指名し、Aは即時就任を承諾した」との議事録の記載があっても、決議は成立していません。これに対し、たとえば「議長はAを指名し、総会はそれを承認し、Aは就任を承諾した」との議事録の記載がある場合、株主総会の承認があるため、有効に成立しています。

株式会社と役員、および会計監査人との関係は、**民法の委任に関する規定**（80ページ参照）に従うものとされています（会社330条）。従って、その関係の成立には、**委託**とこれに対する**承諾**が必要となります（民法643条）。つまり、選任決議による会社側の委託と、これに対する被選任者からの**就任承諾**により、就任の効力が生ずることになります。

このとき、株主総会の席上、取締役の被選任者が就任承諾の意思を表明していれば、その事項は、議事の経過の要領として議事録に記載され、それをもって、就任承諾を証する書面として**議事録の記載を援用**することができます。この場合、改めて就任承諾書を作成する必要はありません。

本人であることを証明する書類の提出が必要

取締役、監査役、執行役の実在性（架空の人物ではないこと）を担保するため、これらの者の就任を承諾したことを証する書面に記載した氏名および住所について、同一の住所・氏名を記載した**市区町村長、その他の公務員が職務上作成した証明書**（**本人確認証明書**）の提供が必要となります（商登規61条7項）。

取締役の就任登記での添付書類

被選任者が、株主総会の席上で即時就任を承諾した場合

株主総会議事録

第○号議案　取締役選任の件
議長は、取締役を選任する必要がある旨を述べ、その選任方法を議場に諮ったところ、満場一致をもって議長の指名に一任することになり、議長は下記の者を指名し、その可否を議場に諮ったところ、満場一致をもって可決確定した。

取締役　　甲野一郎
（住所　　東京都千代田区大手町○丁目○番○号）
なお、被選任者は、席上即時その就任を承諾した。

被選任者が、株主総会で即時、就任を承諾した場合は、就任承諾書として、株主総会議事録の記載を援用できる

援用可

添付書類

- 株主総会議事録　1通
- 株主リスト　1通
- 取締役の就任承諾を証する書面
  →株主総会議事録の記載を援用する
- 本人確認証明書　1通

被選任者から、あらかじめ就任承諾の内諾を受けていた場合

株主総会議事録

第○号議案　取締役選任の件
議長は、取締役を選任する必要がある旨を述べ、その選任方法を議場に諮ったところ、満場一致をもって議長の指名に一任することになり、議長は下記の者を指名し、その可否を議場に諮ったところ、満場一致をもって可決確定した。

取締役　　甲野一郎
（住所　　東京都千代田区大手町○丁目○番○号）
なお、議長が、予め、被選任者から、本総会で選任された場合、就任を承諾する旨の内諾を受けていたと報告した。

援用不可

＋

就任承諾書

私は、貴社の取締役に選任されましたので、就任を承諾致します。
令和○年○月○日
東京都千代田区大手町○丁目○番○号
甲野　一郎　　印

左のケースでは就任承諾書の作成が、別途、必要です

添付書類

- 株主総会議事録　1通
- 株主リスト　1通
- 取締役の就任承諾を証する書面　1通
- 本人確認証明書　1通

ワンポイント

「本人確認証明書」の具体例は？

本人確認証明書の具体例としては、住民票の写し（住民票記載事項証明書）、戸籍の附票（その戸籍に入籍してから現在までの住所が記録されたもの）、マイナンバーカード（住所が記載されているもの）のコピー、運転免許証のコピーなどが該当します。

12 株式会社に関する登記

代表取締役に関する登記とは？

代表取締役の就任やその変更の登記では、印鑑証明書の添付が必要です

取締役会設置会社か非設置会社かを問わず、**代表取締役の就任による変更登記申請の際には、選任議事録などに署名押印した取締役、および監査役の印鑑証明書の添付が必要**となります（商登規61条6項本文）。

この印鑑証明書の添付理由は、偽造文書などにより会社（代表者）の知らない間に代表者の交代が行われ、会社が乗っ取られたり売買されたりということを防ぐためです。適法な代表者の交代を担保するため、出席者に改選議事録等への実印の押印を要求し、それに対応する印鑑証明書の提出を義務づけているのです。これにより議事録署名者がこの取締役会に出席して、代表取締役を選任したことが確認され、代表者変更の適法性が担保される仕組みです。これを、**選任議事録の印鑑証明書**と呼びます。

なお、変更前の代表取締役などが、上記の改選議事録などに押印し登記所に提出している印鑑（**届出印**。194ページ参照）と同一の印鑑を押している場合は、印鑑証明書の添付は不要となります（商登規61条6項ただし書）。

代表取締役の就任承諾書についても、印鑑証明書が必要

取締役会設置会社の代表取締役の就任登記の際に、就任承諾書に押された印鑑に関しても、印鑑証明書を添付する必要があります（商登規61条4項、5項）。この印鑑証明書の添付理由は、虚無人（実在しない人）の代表者や、著名人の氏名を勝手に使っての代表取締役登記の発生を防止するためです。代表者の実在性を担保するため、就任承諾書に実印の押印義務と、それに対応する印鑑証明書の添付義務を課して、印影と印鑑証明書を照合することでそれを確認する仕組みが取られているのです。これを、**就任承諾書の印鑑証明書**と呼びます。なお、商登規61条4～6項の印鑑証明書には、**作成後3カ月以内という制限はありません。**

印鑑証明書が不要なケースとは？

取締役会議事録

令和6年1月25日午後１時00分より、当社本店会議室において、取締役及び監査役全員出席のもとに取締役会を開催した。代表取締役甲野一郎は選ばれて議長となり、開会を宣言し、直ちに議事に入った。

第１号議案　代表取締役選定の件

議長は、当会社の代表取締役を１名増員したい旨を詳細に説明し、下記の者を代表取締役に選定したい旨を述べ、その可否を議場に諮ったところ、取締役の全員一致をもって可決確定した。なお被選定者は席上即時にその就任を承諾した。

東京都杉並区和泉三丁目３番３号
代表取締役　　西田　夏夫

以上をもって議事を終了したので、議長は午後２時00分閉会を宣言した。

上記決議を明確にするため、この議事録を作成し、出席取締役及び監査役全員が次に記名押印する。

令和6年1月25日　　　東京商事株式会社取締役会

議長・代表取締役　甲野　一郎　（届出印）
代表取締役　西田　夏夫　（実印）
出席取締役　乙野　次郎　（認印）
出席監査役　東田　冬男　（認印）

変更前の代表取締役などが、改選議事録などに、登記所に提出している印鑑（届出印）と同一の印鑑を押している場合は、印鑑証明書の添付は不要（商登規61条６項ただし書）

ただし、新しい代表取締役（この場合は、西田夏夫）の印鑑証明書は必要

代表取締役の就任承諾書に添付する印鑑証明書

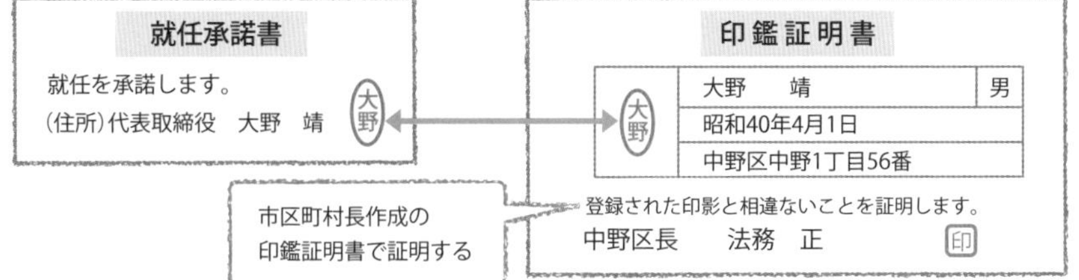
就任承諾書

就任を承諾します。
（住所）代表取締役　大野　靖　（大野）

印鑑証明書

（大野）	大野　　靖	男
	昭和40年4月1日	
	中野区中野1丁目56番	

登録された印影と相違ないことを証明します。
中野区長　　法務　正　（印）

ワンポイント

取締役会議事録に会社代表者の「届出印」を押印する効果は？

代表取締役を選任した取締役会議事録に、会社代表者の「届出印」が押してあれば、「届出印は真実の代表者しか持ち得ないから、その取締役会議事録は偽造ではない」と評価することができます。

株式会社に関する登記

合併に関する登記とは？

**吸収合併・新設合併ともに
解散登記と変更登記を同時に申請します**

株式会社同士の**吸収合併**で実行すべき登記は、**消滅会社においては吸収合併による解散登記、存続会社においては吸収合併による変更登記**です（会社921条）。

存続会社の登記すべき事項は、合併年月日、消滅会社を合併した旨、ならびに消滅会社の本店および商号、資本金の額、発行済株式総数が増加した場合には、その年月日および変更後の資本金の額・発行済株式総数などです。

株式会社同士の**新設合併**においてなすべき登記は、**消滅会社においては新設合併による解散登記、設立会社においては新設合併による設立登記**です（会社922条）。

設立会社の登記すべき事項は、合併した旨ならびに消滅会社の本店および商号、通常の設立登記の登記事項などです。

合併による登記手続きについて

本店の所在地における**合併（吸収・新設）での解散登記の申請と、吸収合併による変更登記、または新設合併による設立の登記の申請は、同時にしなければなりません**（**同時申請**・商登82条3項）。同時に行うことで、合併による変更登記がなされたのに、消滅会社の解散登記がいまだになされていないなど、変更登記と解散登記申請との時間的ズレを防ぐことが可能となります。

また、本店の所在地における合併での解散登記の申請は、その登記所の管轄区域内に吸収合併存続会社、または新設合併設立会社の本店がないときは、その**本店所在地を管轄する登記所を経由**して行わなければなりません（**経由申請**・商登82条2項）。これにより、判断させる登記官を1人に集中させることが可能となります。

「吸収合併」での登記実行の手続き

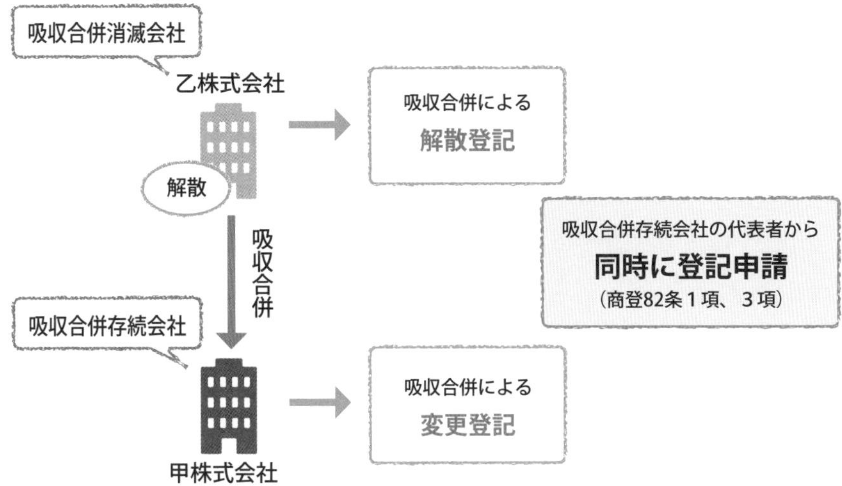

合併する会社同士の本店が異る管轄区域内のとき

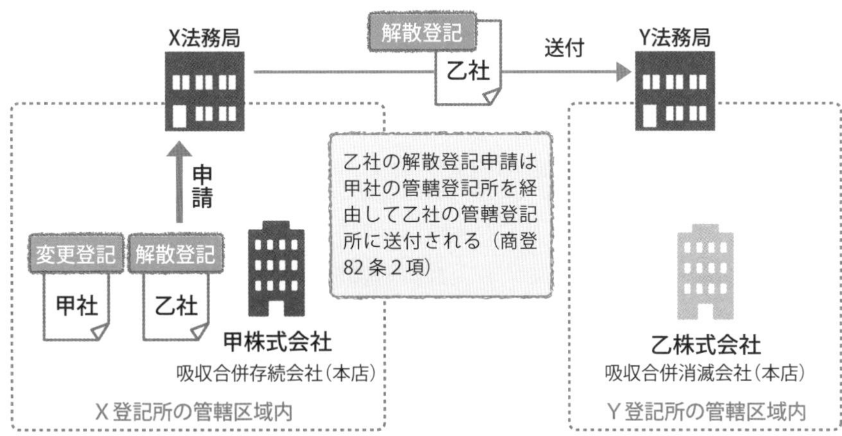

ワンポイント

解散登記の申請人は存続または新設会社の代表者

吸収合併、または新設合併による解散登記の申請については、消滅会社の代表者ではなく、存続会社または設立会社の代表者が、消滅会社を代表して同時に申請します（商登 82 条 1 項）。

株式会社に関する登記

本店移転の登記とは？

**登記所の管轄内での本店移転か
管轄外への本店移転かで手続きが異なります**

本店についての定款での規定方法は、右ページにある通り、3パターンに分かれます。

①の規定方法では、たとえば、同じ「東京都千代田区内」で本店を移転した場合などは定款変更をする必要はありません。一方、②の規定方法や、①の規定方法で右ページの例でいえば「千代田区外」へ移転する場合など、本店移転の程度が定款規定の範囲外となる場合は、**定款変更の手続きを取る必要があり、株主総会の特別決議が必要**となります（会社466条、309条2項11号）。なお、移転の範囲が定款規定の範囲内である場合は、具体的移転先・移転の時期は、**取締役（取締役会設置会社にあっては、取締役会）が決定**することになります。

本店移転の登記申請手続きについて

同一の登記所の管轄区域内での本店移転の場合は、作成する申請書は1枚で、通常の変更登記と同様です。一方、本店をほかの登記所の管轄区域内に移転した場合は、**旧所在地を管轄する登記所に対するものと、移転先の新本店を管轄する登記所に対するものの2枚の申請書が必要**となります。

本店をほかの登記所の管轄区域内に移転した場合の新所在地における登記の申請は、**旧所在地を管轄する登記所を経由**して行う必要があります（商登51条1項前段）。また、その場合の新所在地における登記の申請と旧所在地における登記の申請とは、**同時**にしなければなりません（商登51条2項）。つまり、合併の登記同様、**経由・同時申請**が必要とされるのです。

旧所在地を管轄する登記所で、新所在地と旧所在地での登記の申請を審査し、問題がなければ、遅滞なく新所在地での登記の申請書を、新所在地を管轄する登記所に送付しなければなりません（商登52条2項）

定款における本店の規定方法

	規定方法	具体例
①	最小行政区画まで定める場合	東京都千代田区
②	具体的所在場所まで定める場合	東京都千代田区神田一丁目１番１号
③	折衷的な定め方	東京都千代田区神田一丁目

本店移転の登記手続きの実行について

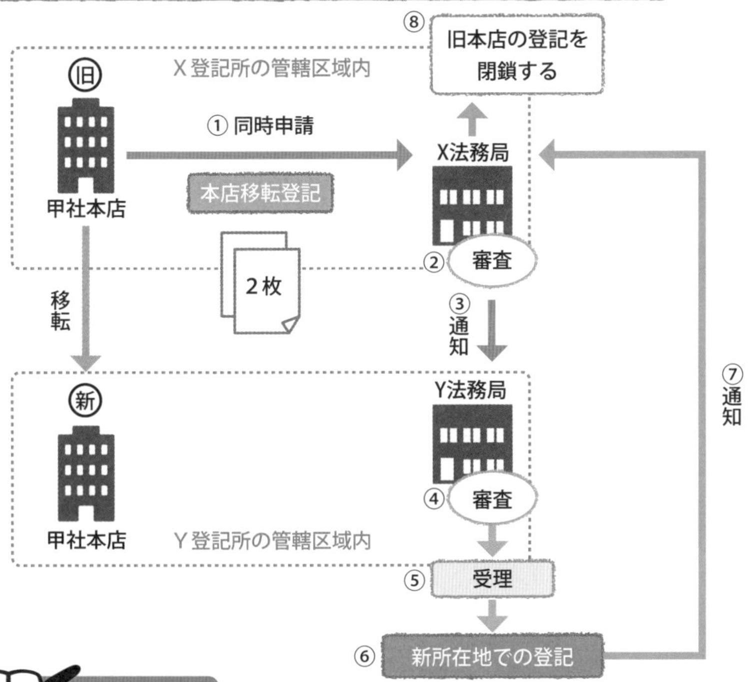

ワンポイント

旧本店を閉鎖する登記手続きは、旧所在地を管轄する登記所が実行します

申請書の送付を受けた新所在地を管轄する登記所は、本店移転の登記をした際には、遅滞なく旧所在地を管轄する登記所に通知します（商登 52 条３項）。一方、旧所在地を管轄する登記所は、この通知を受け、旧本店の登記を閉鎖する登記を実行します（商登 52 条４項）。

株式会社に関する登記

支配人に関する登記とは？

会社に代わって一切の裁判上または裁判外の行為をする権限を有する者を支配人といいます

株式会社の支配人は、**任された１つの営業所（本店または支店）において、会社を代理してその営業上の一切の裁判上、および裁判外の行為をする権限を有します（会社 11 条１項）**。代表取締役がすべての営業所において裁判上、および裁判外の行為をする権限を有しているのに対して、支配人は、１つの営業所が取り扱う業務に関して、代表取締役と同じ権限を行使できるわけです。

株式会社においては、支配人の選任および解任は取締役（取締役が２人以上ある場合は取締役の過半数）、取締役会設置会社にあっては取締役会の決定事項であり、取締役が２人以上ある場合にあっては各取締役に、取締役会設置会社にあっては取締役に、当該事項の決定を委任することができません（会社 348 条３項１号、362 条４項３号）。また、支配人となる者は、自然人でなければなりませんが、行為能力者である必要はありません（民法 102 条）。

支配人選任時および代理権消滅時は商業登記が必要

株式会社の支配人を選任し、またはその代理権が消滅したときは、その登記をしなければなりません。株式会社の支配人の登記についての登記すべき事項は、**①支配人の氏名および住所、②支配人を置いた営業所**となります（商登 44 条２項）。

支配人の代理権が消滅する事由は、①解任および辞任、②会社の破産手続開始の決定、③支配人の死亡または破産手続開始の決定、もしくは支配人が後見開始の審判を受けたこと、④雇用関係の終了による終了事由、⑤会社の解散、⑥支配人が置かれた営業所（支店）の廃止です。

本店移転と支配人

東京（法）［本店］支配人A →移転→ 横浜地方法務局［本店］支配人A

本店移転に伴い、支配人Aも、当然新本店において支配人としての代理権を行使することになる

登記申請前の本店登記記録

商号	東京商事株式会社
本店	**東京都千代田区神田一丁目１番１号**
公告方法	官報に掲載している
会社成立の年月日	平成17年10月１日
支配人に関する事項	支配人の氏名及び住所 東京都渋谷区道玄坂一丁目１番１号 支配人Aを置いた営業所 東京都千代田区神田一丁目１番１号
登記記録に関する事項	設立 平成17年10月1日登記

登記完了後の新本店登記記録

商号	東京商事株式会社
本店	横浜市中区本町一丁目１番１号
公告方法	官報に掲載している
会社成立の年月日	平成17年10月１日
支配人に関する事項	支配人の氏名及び住所 東京都渋谷区道玄坂一丁目１番１号 支配人Aを置いた営業所 横浜市中区本町一丁目１番１号
登記記録に関する事項	令和○年６月３日東京都千代田区神田一丁目１番１号から本店移転 令和○年６月９日登記

旧管轄分の登記申請書

商号	東京商事株式会社
本店	東京都千代田区神田一丁目１番１号
事	本店移転 **支配人を置いた営業所移転**
登	令和○年６月３日本店移転 本店　横浜市中区本町一丁目１番１号 **同日　東京都千代田区神田一丁目１番１号の支配人Aを置いた営業所移転** **支配人Aを置いた営業所** **横浜市中区本町一丁目１番１号**
税	金６万円
添	株主総会議事録 （取締役会議事録） 株主リスト 委任状

新管轄分の登記申請書

商号	東京商事株式会社
本店	横浜市中区本町一丁目１番１号
事	本店移転
登	商号　東京商事株式会社 本店　横浜市中区本町一丁目１番１号 公告方法　官報に掲載してする （記載省略） 役員に関する事項 取締役　甲野　一郎　　年月日就任 取締役　乙野　次郎　　年月日就任 （記載省略） **支配人の氏名及び住所** **東京都渋谷区道玄坂一丁目１番１号** **支配人を置いた営業所** **横浜市中区本町一丁目１番１号** 登記記録に関する事項 令和○年６月３日東京都千代田区神田一丁目１番１号から本店移転
税	金３万円
添	委任状

ワンポイント

支配人は裁判上の行為

支配人は自ら訴訟代理人となり、訴訟行為をすることができます（会社 11 条 1 項、商 21 条 1 項、民訴 54 条 1 項本文）。また、別に訴訟代理人を選任して、訴訟行為をさせることもできます。

16 株式会社に関する登記

解散・清算に関する登記とは？

株式会社の解散では、解散登記と清算人などの登記が必要になります

株式会社が解散した場合、解散登記の申請は、**代表清算人**（代表清算人がいない場合は**清算人**）から申請します。

これにより、取締役会設置会社である旨の登記、ならびに取締役、代表取締役などに関する登記は、解散の登記にともない職権で抹消されることになります（商登規72条1項）。

なお、**監査役**は営業機関ではないため、解散によって当然に退任するわけではなく、**解散以後も会社との関係は継続**します。従って、監査役の**登記は抹消されません**。

なお、解散登記の登録免許税は、**3万円**となります。

清算人・代表清算人の登記

株式会社が解散した場合、解散登記に続いて、清算人および代表清算人の登記を申請する必要があります。

清算人会を設置する旨の定款規定がある場合は、清算人会設置の旨も登記することになります。

なお、代表清算人については、商登規61条4項～6項（212ページ参照）の適用はないため、**代表清算人の選任議事録の印鑑証明書も、代表清算人の就任承諾書の印鑑証明書も添付する必要はありません**。

なお、最初の清算人の就任登記の登録免許税は、**9,000円**となります。清算株式会社は、清算事務を終了したときは、清算結了の登記を申請する必要があります。清算結了の登記の登録免許税は、**2,000円**です。

清算結了の登記が実行されると、登記記録は閉鎖されます（商登規80条1項5号、2項）。

解散登記完了後の登記記録の例

資本金の額	金１億円	
株式の譲渡制限に関する規定	会社の株式を譲渡により取得するには、株主総会の承認を要する。	
役員に関する事項	取締役　　甲　野　一　郎	令和5年6月26日就任 令和5年6月29日登記
	取締役　　乙　野　二　郎	令和5年6月26日就任 令和5年6月29日登記
	取締役　　丙　野　三　郎	令和5年6月26日就任 令和5年6月29日登記
	東京都港区赤坂一丁目５番６号 代表取締役　甲　野　一　郎	令和5年6月26日就任 令和5年6月29日登記
	監査役　　東　田　春　男	令和5年6月26日就任 令和5年6月29日登記
	清算人　　甲　野　一　郎	令和6年6月29日登記
	清算人　　田　中　太　郎	令和6年6月29日登記
	清算人　　横　田　光　男	令和6年6月29日登記
	東京都港区赤坂一丁目５番６号 代表清算人　甲　野　一　郎	令和6年6月29日登記
取締役会設置会社に関する事項	取締役会設置会社	
監査役設置会社に関する事項	監査役設置会社	
清算人会設置会社に関する事項	清算人会設置会社	
解散	令和6年6月26日株主総会の決議により解散 令和6年6月29日登記	

下線が引かれている箇所は、その登記内容が抹消されていることを示します

ワンポイント

清算結了の登記はどのタイミングで行う？

解散・清算人選任の各登記が未了のまま、ただちに清算結了の登記の申請をすることはできません。これらの登記を完了したうえで、清算結了の登記申請を行います。

女性の一生の仕事としての「司法書士」

「結婚しても、子どもがいても、一生、仕事を続けていきたい。でも、家庭も大事にしたい」という欲張りな女性にこそ、司法書士の資格がおすすめだと私は思っています。

司法書士は、一度取得すれば更新なしで一生有効です。たとえば、子どもが小さい間は、勤務司法書士（補助者）として司法書士事務所などで、残業なしなどの条件で働き、子どもの手が離れた後は、司法書士として独立開業する、といった働き方も可能です。

また、結婚後、夫の転勤などで住む場所が変わっても、司法書士事務所は日本全国どこにでもありますので、転職先に困ることはありません。会社員のように、会社の意向に振りまわされることなく、自分の考えで自分のキャリアを形成していくことができるのです。

女性がひとりで独立開業すると聞くと、不安になる方もいらっしゃるかと思いますが、何もひとりで開業する必要はありません。気の合う合格者仲間と一緒に共同事務所という形で開業したり、司法書士法人を設立したりということもできます。

私の同期合格者で、女性だけの共同事務所を立ち上げた司法書士たちがいます。彼女たちは互いの結婚・出産をみんなでフォローし合いながら、協力して日々の業務に当たっているといいます。そして、女性ならではのきめ細かいサービスに定評があり、顧客の方からもとても好評だと聞いています。

女性ならではの視点から、法律的アドバイスをすることができるというのも、法律家としてとても魅力的なことだと思います。

一度きりの人生、仕事も家庭も充実させたい。そんな思いを持つ女性に、司法書士の仕事はおすすめです。

おわりに

最後までお読みいただき、ありがとうございました。

本書では、司法書士試験合格に重要な「主要４科目」である民法、不動産登記法、会社法、商業登記法の基礎知識をご紹介しました。

あくまでも「基礎知識」なので、この本のみで試験に合格することはできませんが、司法書士試験、さらには司法書士の仕事内容を大枠でつかんでいただける内容になっています。そのため、この本を読んだことをきっかけに司法書士に興味を持ってくださったのであれば、ぜひこれを機に司法書士試験の学習を始めていただければと思います。

私は現在、司法書士業務のかたわら、LECで、司法書士試験合格のための講座を受け持っています。講師歴は今年で25年目を迎え、司法書士として活躍するかつての教え子たちは1,000人を超えました。

司法書士試験はたしかに、手ごわい試験です。勉強の成果がなかなか発揮できず、10年以上勉強している受験生もたくさんいます。

その一方で、私のように1回目の受験で合格可能な試験であることも事実です。私の教え子の中からも毎年必ず、複数人の一発合格者が出ます。彼らがほかの難関資格合格者や高学歴であるかといえば、そうでない人も少なくありません。

本書でも、冒頭の「試験にチャレンジしてみよう」やコラムで、一発合格するための秘訣をいくつかご紹介しています。本書をきっかけに司法書士試験受験を決めたのでしたら、少しでも「早く」試験に合格し、司法書士になっていただければと強く思います。

本書が、司法書士についての「手ごわい」というイメージを少しでも変え、そして「自分も目指してみよう！」と思ってくださるきっかけになることを願ってやみません。

海野　禎子（うんの　さだこ）
慶應義塾大学文学部東洋史学科卒・学習院大学法科大学院修了。
1996年、大学３年生のときに司法書士試験に最年少合格。大学４年生の春から司法書士事務所に勤務。大学卒業後、２つ目の司法書士事務所に転職し司法書士実務経験を積んだ後、大手ノンバンクの法務部において債権回収業務に従事する。その後、1999年にLEC東京リーガルマインド司法書士専任講師としてデビューし、現在に至る。
講師歴25年で毎年多数の合格者を輩出している。2012年には横浜市において海野司法書士事務所を開業。

改訂版（かいていばん）　ゼロからスタート！　海野禎子（うんのさだこ）の司法書士（しほうしょし）1冊目（さつめ）の教科書（きょうかしょ）

2024年７月２日　初版発行

著者／海野 禎子（うんの さだこ）

監修／LEC東京（とうきょう）リーガルマインド

発行者／山下　直久

発行／株式会社KADOKAWA
〒102-8177　東京都千代田区富士見2-13-3
電話　0570-002-301（ナビダイヤル）

印刷所／株式会社加藤文明社印刷所

製本所／株式会社加藤文明社印刷所

●お問い合わせ
https://www.kadokawa.co.jp/（「お問い合わせ」へお進みください）
※内容によっては、お答えできない場合があります。
※サポートは日本国内のみとさせていただきます。
※Japanese text only

定価はカバーに表示してあります。

ISBN 978-4-04-606327-4　C3030